A. TRAVERS

La Mandchourie

LA CLASSIQUE CHARRETTE CHINOISE

H. ENSELME
CAPITAINE D'ARTILLERIE

A TRAVERS LA Mandchourie

LE CHEMIN DE FER DE L'EST CHINOIS

D'APRÈS LA MISSION
du Capitaine H. de Bouillane de Lacoste et du Capitaine Enselme

PRÉFACE DU COMTE G. DU CHAYLARD
Ministre plénipotentiaire

ILLUSTRÉ DE 26 GRAVURES
d'après les photographies du Capitaine De LACOSTE,
DE 3 PLANS ET D'UNE CARTE

PARIS
J. RUEFF, ÉDITEUR
106, BOULEVARD SAINT-GERMAIN

1903

PRÉFACE

> *Amas d'épithètes, mauvaises louanges, ce sont les faits qui louent et la manière de les raconter.*
>
> La Bruyère.

Un immortel poète, Gœthe, a écrit quelque part, dans ses pensées, je crois, « qu'il est plus facile de tresser des couronnes que de trouver une tête digne de les porter ». J'avoue très humblement que mon embarras est bien différent, car, si je sais qui mérite mes éloges, je crains de ne pas les exprimer comme je le voudrais et de ne pas dire en assez bons termes tout le bien que je pense de la relation de voyage « A travers la Mandchourie » que son auteur, le capitaine d'artillerie Enselme, m'a prié de présenter au public. Tâche agréable, s'il en fut, pour mon amitié, mais devant laquelle j'aurais sans doute reculé, si je n'avais pensé qu'un long séjour en Chine et la connaissance d'une partie de la région visitée par ce jeune officier et son compagnon, le capitaine de Lacoste, ne me permettaient pas de lui refuser un concours si aimablement demandé. Je me risque donc sans me dissimuler qu'une préface est parfois ennuyeuse, rarement amusante, et toujours difficile. Mon seul espoir, si la mienne est mauvaise, est qu'elle ne nuira pas au livre, il y a tant de gens qui s'épargneront la peine de la lire.

La gigantesque entreprise du Transsibérien dont, soit dit en passant, les résultats politiques et commerciaux dépasseront les prévisions de ses promoteurs eux-mêmes, est assez ignorée en France. Son étude devait attirer des officiers instruits et actifs qu'un séjour au Tonkin et au Yun-nan avait déjà familiarisés avec la race jaune et la question des chemins de fer en Asie. Après avoir passé quelques semaines à Tientsin et y avoir recueilli tous les renseignements utiles à leur expédition, les voyageurs se mettent en route, et leur journal nous fait assister jour par jour aux péripéties de cette longue odyssée. Sans souci du confortable, inconnu dans les auberges chinoises, ils poursuivent leur chemin, utilisant tous les moyens de locomotion, sans excepter l'odieuse charrette de Confucius, dont le souvenir seul est douloureux à ceux que leur mauvaise fortune condamne à s'y asseoir. Avec une philosophie doublée d'une bonne humeur qui ne se dément pas malgré des ennuis de toute sorte: affreux état des chemins transformés en fondrières, déraillement du wagon, nuits sans lit et sans sommeil, nourriture détestable, abandon de l'interprète, etc., M. Enselme décrit fidèlement d'une plume alerte les pays qu'il traverse et les spectacles si divers qui défilent sous ses yeux. Il ne laisse rien échapper, et note, avec une exactitude de polytechnicien, les procédés suivis par les ingénieurs russes pour la construction de leur ligne. Il se loue de l'accueil rencontré près d'eux et rend hommage à leur compétence et à la persévérante énergie avec laquelle ils conduisent leur tâche, malgré les difficultés qu'ils rencontrent à chaque mètre.

Tout cela est dit simplement, et nul ne pourra reprocher à M. Enselme d'avoir fait « un récit de chic » ou de s'être lancé dans des descriptions fantaisistes ou imaginaires en s'inspirant du viel adage trop souvent mis en pratique par des explorateurs peu scrupuleux : « a beau mentir qui vient de loin ». Il narre sans pose, et avec une parfaite bonne foi, ce qu'il a vu, senti et compris, cherchant bien moins à développer ses impressions personnelles qu'à ouvrir la voie à d'autres et à donner des indications précieuses pour ceux qui voudraient parcourir après lui ces pays dont on parle souvent, mais que l'on connaît si peu ! A l'heure où, éveillée par les derniers événements, l'attention de l'Europe se porte sur cet Extrême-Orient mystérieux et se préoccupe des surprises prochaines qu'il lui réserve, il est bon que des Français, entrés en contact immédiat avec ses populations, viennent renseigner leurs compatriotes, si peu voyageurs, hélas ! sur ce qu'ils ont appris sur l'œuvre accomplie dans le nord de la Chine par une grande nation alliée de la nôtre.

Je devrais m'arrêter là si, me rappelant qu'il n'est pas de médaille sans revers et de tableau sans ombre, je ne croyais utile d'aller au-devant d'une critique que ne manqueront pas de faire bien des lecteurs. Ils pourront s'étonner que l'auteur ait fait preuve d'une bien grande réserve en se renfermant trop strictement dans le cadre un peu étroit d'une simple relation de voyage, et regretter de n'y pas trouver les appréciations politiques qu'ils étaient en droit d'attendre d'un esprit aussi observateur. Ils eussent désiré, sans doute, connaître les moyens, persuasifs ou autres, employés par les Russes, non seulement pour la direction de cette masse de travailleurs et le maintien de l'ordre parmi cette foule remuante, mais surtout la façon dont ils traitent les autorités, et dont ils s'imposent aux mandarins trop avisés pour ne pas comprendre que le changement de maître sera la fin de leur pouvoir et de leur fortune. Peut-être aurions-nous appris ainsi que la douceur n'est pas indispensable pour gagner les Célestes, toujours disposés à la confondre avec la faiblesse, et aussi que les enfants du « Petit Père » ont quelquefois la main lourde et le coup de fusil facile. Enfin, nous aurions aimé à voir confirmer par un témoin oculaire l'opinion assez répandue parmi ceux qui ont suivi de près la politique russe en Extrême-Orient, qu'en dépit de tous les traités conclus ou à conclure, le chemin de fer assurera la conquête pacifique de la Mandchourie qui échappera, à bref délai, à l'autorité de la dynastie chinoise pour passer sous celle du Gouvernement Impérial de Saint-Pétersbourg. Pour nous, quoi qu'il advienne, nous pensons que la construction du Transmandchourien sera une œuvre exclusivement russe, et il saute aux yeux des moins clairvoyants que cette ligne deviendra un jour la frontière des deux pays. La Chine restera désarmée devant sa puissante voisine et sa résistance, encouragée et même soutenue par d'autres nations, viendra se briser contre l'énergie persévérante de la race slave qui poursuit sa tâche avec une lenteur raisonnée et méthodique qui aura, tôt ou tard, raison de ce peuple dégénéré.

Toutes ces questions ont été examinées par le capitaine Enselme, et nul doute qu'il n'ait, dans son for intérieur, les réponses toutes prêtes. S'il ne nous en a pas fait part, c'est qu'il a eu certainement d'excellentes raisons pour les taire. Sans être dans les secrets des dieux, je pense qu'il serait injuste de lui reprocher sa discrétion. La Censure n'existe officiellement que pour les chansons et les pièces de théâtre ; j'imagine cependant, que s'il y a loin de la coupe aux lèvres, il y a plus loin encore de la table de l'écrivain à la presse de l'imprimerie, quand l'écrivain porte des galons et que son manuscrit doit subir un examen dont il sort rarement sans suppressions ou sans coupures.

N'approfondissons pas, nous n'en saurions pas davantage ; le lecteur sera, d'ailleurs, assez sagace pour suppléer au silence du capitaine et tirer lui-même les conclusions que lui inspirera cette relation du voyage « A travers la Mandchourie ». Ce qu'il reconnaîtra, c'est que les capitaines Enselme et de Lacoste ont produit un travail consciencieux, qu'il n'a pas dépendu d'eux de faire paraître au lendemain de leur retour en France ; qu'il intéressera ceux qui tiennent à ne pas rester étrangers à ce qui se passe au-delà de nos frontières, et que, sans avoir recherché ni bruit ni réclame, ces deux officiers se sont montrés bons et intelligents serviteurs de leur pays.

G. DU CHAYLARD.

28 mars 1902.

A TRAVERS LA MANDCHOURIE

I

Mouvement européen en Chine à la fin du XIXe siècle. — Raisons économiques ayant conduit au passage du chemin de fer transsibérien à travers la Mandchourie : richesses de la province, voies commerciales.
Historique des études et des premiers travaux. — Vue d'ensemble sur le tracé. — Intérêt de ces questions pour la France.

Depuis une dizaine d'années, la question chinoise a pris une importance considérable, dans la politique des puissances européennes; la lutte entre l'Europe et la vieille civilisation, dont les Fils du Ciel sont si fiers et si jaloux, est devenue le point de mire de toutes les nations et le champ d'action de toutes les activités.

La guerre sino-japonaise, mettant en évidence, d'une part l'incurie du gouvernement chinois, de l'autre la voie de progrès rapides, dans laquelle se sont hardiment lancés les Japonais, a été, en quelque sorte, la première phase de ce grand mouvement ; elle a posé les premières données de cette question d'Extrême-Orient, qui aura marqué la fin du XIXe siècle, et dont la solution définitive est peut-être encore bien lointaine.

A la suite de cette guerre, toutes les grandes puissances d'Europe se portèrent hardiment en Chine, et chacune obtint la cession d'un minuscule territoire, devant être l'amorce d'une extension plus considérable ; le développement de ces possessions devait se produire au fur et à mesure de la désorganisation plus complète du grand empire jaune.

L'occupation de Kiao-tchéou permettait aux Allemands d'appuyer leur influence au Chan-toung, de se préparer là une colonie, et contribuait puissamment à donner un accroissement considérable à leur commerce extérieur. L'organisation de Weï-ha-weï donnait aux Anglais un point d'appui dans le nord. L'occupation de Quang-tchéou-van, était, pour nous, un pas vers la possession du sud du Kouang-toung et de l'île d'Haïnan, enfermant ainsi tout le golfe du Tonkin dans des terres françaises.

Les Italiens eux-mêmes, pris de cette fièvre d'expansion extrême-orientale, envoyèrent en Chine quelques navires, pour revendiquer la cession de la baie de San-moun ; mais ils durent se retirer devant une fin de non recevoir du gouvernement chinois (1).

La Russie, grande puissance immédiatement voisine de l'Empire Chinois, a été une des premières lancée dans cette voie. Le chemin de fer transsibérien, abandonnant le bassin de l'Amour pour pénétrer en Mandchourie, traversant toute cette province, fut comme l'origine et le point de départ de cette orientation politique ; la cession du territoire de

(1) Des esprits éclairés sur la question ont cherché à voir plus loin dans cette démonstration des Italiens ; n'auraient-ils pas agi à l'instigation de l'Angleterre, pour arriver ensuite à un échange de la baie de San-moun, contre Weï-ha-weï, que les Anglais peuvent trouver trop loin de leur zone d'influence, et trop enclavé dans le Chan-toung, zone d'activité allemande ?

Port-Arthur accentua ce mouvement; enfin, les derniers événements de Chine amenèrent une solution plus complète encore, dont les conditions, réglées d'abord entre les Russes et les Chinois, furent l'objet de graves discussions entre toutes les puissances.

Les travaux des Russes, tant pour la construction de leur chemin de fer que pour l'organisation de leur colonie du Leao-toung méridional, furent l'objectif du voyage d'étude que nous fîmes en février, mars, avril et mai 1900.

Nous ne présenterons point au lecteur une série d'observations classées et cataloguées, ayant toute l'aridité d'un rapport officiel; il sera, sans doute, plus intéressant pour lui de nous suivre au cours de notre voyage, glanant au jour le jour, au courant des choses vues ou des conversations entendues, les quelques renseignements que nous avons pu recueillir, sur cette question si complexe et si pleine d'actualité.

De plus, nous nous abstiendrons systématiquement de toute appréciation politique. Ce côté de la question, si riche en observations intéressantes, sort du cadre exclusif d'une relation de voyage, que nous nous sommes imposé pour la publication.

La Mandchourie, grand territoire limitrophe du gouvernement russe de l'Amour et de l'Oussouri, forme trois provinces chinoises : celle de Moukden ou Mandchourie méridionale, celle de Girin ou Mandchourie septentrionale, et celle de Tsi-tsi-kar ou Mandchourie occidentale, qui empiète sur la Mongolie et le grand désert de Gobi.

Cette région, déjà riche, promet un très brillant avenir au commerce et à l'industrie. Le sol, parfaitement cultivé, fournit des récoltes très importantes de grains, sorgho, blé et haricots principalement :

ces produits assurent l'alimentation des indigènes et le fonctionnement de fabriques d'huiles et d'alcool ; ils sont même l'objet d'une exportation assez sérieuse. Ces cultures, riches par elles-mêmes, font présager un rendement plus considérable encore par la colonisation européenne, introduisant des méthodes agricoles plus rationnelles et plus puissantes, et la production de nos céréales dans une plus grande proportion.

A ces produits de culture se joignent de grandes richesses naturelles : les magnifiques forêts du nord de la province fournissent en quantité de très beaux bois de sapin ; la faune du pays en fait la région la plus riche en fourrures du nord de la Chine, et le marché de Moukden alimente, en grande partie, celui de Pékin, en renards, zibelines et autres fourrures de prix. Le sous-sol, lui-même, est une source de trésors et un champ d'activité ouvert à l'industrie ; des mines de charbon ont été déjà ouvertes et exploitées par les Russes; des mines de fer peuvent l'être sous peu. Enfin, il existe des mines d'or : les unes sont connues des Chinois, qui y ont appliqué des procédés d'extraction rudimentaires, mais elles sont loin d'être épuisées ; les autres, non encore exploitées, promettent une continuation des trésors aurifères de Sibérie.

Ces richesses intrinsèques acquièrent encore une plus-value considérable, par les facilités naturelles que présente la région pour le commerce.

Elisée Reclus, parlant de la Mandchourie au point de vue de sa constitution topographique, la compare à un toit à deux pentes, donnant deux écoulements d'eau : l'un vers le sud, drainé par la grande vallée du Leao-ho, l'autre vers le nord, par le bassin de la Soungari. Cette figure s'applique très exactement au courant commercial du pays : ces deux grandes rivières, coupant presque toute la province, du nord au sud, créent deux voies importantes de trafic ; elles conduisent, au sud, au port de Yng-tze, ou Nioutchouang, au nord, au bassin de l'Amour.

Ces deux lignes naturelles sont, d'ailleurs, doublées sur leur parcours, et réunies à leurs têtes, par le réseau des grandes routes mandchouriennes. Ce ne sont certes pas des modèles de voies de communication : mal entretenues, ou plutôt pas du tout entretenues, elles sont presque impraticables au moment du dégel et des pluies, et horriblement poussiéreuses en été ; mais elles sont très bonnes pendant la longue période d'hiver lorsqu'elles sont durcies par la gelée. Elles sont alors très fréquentées par de nombreuses caravanes de voitures, comme en témoignent les immenses auberges chinoises, que l'on rencontre à tous les pas, et dont nous reparlerons souvent au cours du récit de notre voyage.

Enfin, à ce système de voies de transport, viendra se joindre, dans un avenir très prochain, la ligne ferrée en construction, augmentant encore dans des proportions considérables, ces facultés commerciales du pays.

Nous devons aussi faire entrer en ligne de compte le développement des côtes de la presqu'île du Leao-toung. les bons mouillages et les facilités qu'elles présentent pour la navigation, les ports déjà existants comme Nioutchouang, Talienvan... etc..., et ceux que la Russie se propose de créer ou de développer.

Nous voyons, par toutes ces raisons, que la Mandchourie est un pays, non seulement très riche, mais encore offrant toutes les ressources désirables pour l'exploitation de ses richesses par l'industrie et le commerce.

Une région aussi bien douée par la nature, promettait les plus grands avantages à un chemin de fer, venant la traverser ; mais ces raisons économiques ne furent pas les seules, qui poussèrent les Russes à faire pénétrer leur voie ferrée en Mandchourie. Des tendances politiques furent un mobile plus puissant encore que les simples questions d'intérêt.

Sans entrer dans ces considérations, étrangères à notre programme, disons que la grande voie mandchourienne pouvait être envisagée comme une route stratégique permettant d'amener rapidement des forces imposantes en Extrême-Orient. Ce fait est d'une importance capitale à notre époque, où la Chine semble être devenue un champ de lutte d'influence très active entre les puissances européennes.

Ce chemin de fer devait être aussi une arme, dirigée contre l'ennemi naturel de la politique russe en Extrême-Orient, le Japon. Les Japonais, voisins immédiats des possessions des Russes en Sibérie, ont été de tout temps leurs adversaires désignés, adversaires non négligeables et loin d'être négligés, et qui le seront moins encore après les preuves qu'ils ont faites pendant la récente campagne de Chine.

Cette opposition du Japon et de la Russie n'a fait que s'accroître, pendant ces dernières années ; elle a même traversé une crise aiguë et frisé une rupture complète, lorsque les Russes obtinrent par leur diplomatie et occupèrent sans coup férir la forteresse de Port-Arthur, que les Japonais avaient conquise, les armes à la main.

A côté de ces grandes raisons d'ordre général, des intérêts d'ordre plus immédiat, se présentaient pour le chemin de fer transsibérien. La traversée de l'ouest à l'est de la Mandchourie permet de gagner

Vladivostock presque en ligne droite, évitant le grand coude que fait au nord le fleuve Amour, et que devait suivre le tracé des premiers projets : c'est une diminution de 800 kilomètres environ, sur le trajet, qui mérite considération.

De plus, l'entrée du chemin de fer sur le territoire chinois, devait permettre de lui donner comme débouché, non plus Vladivostock, mais un point bien plus méridional, port libre de glaces ; ceci devait faire prévoir une augmentation considérable du trafic de la voie ferrée. Nous aurons à reprendre cette question, quand nous parlerons de la création du port de Dalgny.

Il y a une dizaine d'années seulement les provinces mandchoues étaient très imparfaitement connues ; on ne possédait pour tous documents, sur cette vaste contrée, que les relations de voyage et une carte très sommaire du général Mouravieff ; le grand explorateur de l'Oussouri et de la partie extrême-orientale de l'Amour, fit, en effet, quelques incursions dans le nord de ce territoire.

Mais déjà les Russes avaient entrevu tous les avantages que leur assurerait le passage de leur grande ligne ferrée à travers la Mandchourie, et la guerre sino-japonaise leur fournit l'occasion de faire le premier pas vers cet objectif.

Les services rendus par la Russie à la Chine pour la terminaison de la guerre, en particulier les services financiers relatifs au paiement des indemnités, amenèrent la convention russo-chinoise de 1896, dite convention Cassini (du nom du comte Cassini, alors ministre plénipotentiaire de Russie à Pékin). Toute à l'avantage de la Russie, elle autorisait le passage du chemin de fer en Mandchourie, l'entrée dans la province de 5.000 hommes de troupe, pour la garde des travaux et des travailleurs... etc.

Dès le printemps de 1897, une mission d'exploration pénétrait dans la région : elle était commandée par un colonel d'état-major (colonel Strelbitzy), et se composait de deux lieutenants, et une vingtaine de cosaques armés.

Venus de Corée, ils parcoururent toute la Mandchourie, passant par les deux grandes capitales Girin et Moukden; ils s'établirent pendant un mois dans cette dernière ville, rayonnant, pendant ce temps, dans la province. Ils vécurent tout à fait en dehors des populations, frayant avec elles le moins possible, logeant de préférence dans de tout petits villages, ou même bivouaquant dans la campagne.

Cette petite colonne ne fut pas inquiétée, mais fut assez froidement reçue par les autorités locales; le vice roi de Moukden, lui-même, par un de ces faux-fuyants si fréquents et si transparents de la politesse chinoise, refusa de recevoir la visite du colonel, chef de la mission.

Cela semble marquer, en dépit de toutes les conventions diplomatiques, sinon une sourde hostilité, tout au moins une méfiance sérieuse, de part et d'autre. Nous verrons que ces relations se modifièrent, par la suite, et devinrent, ou du moins parurent devenir quasi amicales; cela n'exclut pas toutefois de nombreux actes isolés d'hostilité ou de révolte de la part des Chinois.

Cette même année 1897, on vit passer à Moukden, un lieutenant de cosaques, parti de Vladivostock, et ayant traversé toute la région montagneuse du nord-est de la Mandchourie.

Enfin, en 1898, arrivaient les ingénieurs, qui poussèrent activement les études du chemin de fer, et purent, en très peu de temps, commencer les travaux.

Vers la même époque, la Chine cédait à bail à la Russie, l'extrême-sud de la presqu'île du Leao-toung qui constitua, sous le nom de « territoire de Quang-toung » une véritable colonie; les Russes s'y installèrent en occupant militairement Port-Arthur, le 27 mars 1898.

Depuis lors, l'influence russe en Mandchourie n'a fait que s'asseoir tous les jours davantage, grâce à la présence du nombreux personnel employé au chemin de fer, et aux différents travaux dont nous aurons à parler.

Nous allons voir les résultats obtenus au moment du soulèvement chinois de 1900 et étudier les modifications apportées à cet état de choses, par cette grande et violente perturbation.

Dès que le passage du chemin de fer en Mandchourie fut admis par le gouvernement chinois, et que les premières missions d'études eurent reconnu le pays, les projets primitifs du chemin de fer transsibérien furent complètement modifiés. Il ne s'agit plus d'atteindre Vladivostock, la capitale russe d'Extrême-Orient, en longeant le fleuve Amour, c'est-à-dire en faisant un long détour vers le nord, on dut couper droit vers le sud-est à travers toute la Mandchourie, pour relier cette ville à la région de Nertchinsk et de Strétensk. De plus, on dut songer à relier la grande ligne transsibérienne au territoire de Quang-toung, devenu colonie russe; c'était, d'ailleurs, le moyen d'assurer au chemin de fer, un débouché en mer libre de glaces, et de le faire passer le plus près possible de Pékin.

Ce sont ces deux directives qui firent adopter le

tracé du chemin de fer transmandchourien. Il comprend deux grandes branches formant une sorte de T; leur point de croisement, Harbine, sur la Soungari, est devenu le centre de toutes les opérations et le siège de la haute administration du chemin de fer.

Le première branche se détache du chemin de fer de Transbaïkalie (1) près de la station de Kaïdalovskoë, à 240 verstes (2) à l'ouest de Strétensk, elle se dirige, par une orientation générale sud-est, droit sur Nikolsk, ou elle rejoint la ligne existante du chemin de fer de l'Oussouri. D'abord en territoire sibérien, elle passe la frontière chinoise à Nagadan, à 270 verstes de son point de départ; elle traverse la Nonni, un peu au sud de Tsi-tsi-kar, la Soungari à Harbine, laisse Ningouta légèrement au sud, et arrive à la frontière de la province de l'Oussouri; la station-frontière a pris le nom de Po-Granitchna, littéralement « près de la frontière »; elle se trouve à une centaine de verstes à l'ouest de Nikolsk. De nouveau en territoire russe, la ligne se continue alors jusqu'à cette dernière ville.

On peut compter :

De Habine à Kaïdalovskoë, 1250 verstes; soit : de Harbine à la frontière, 980 verstes; de la frontière à Kaïdalovskoë, 270 verstes.

De Harbine à Nikolsk, 650 verstes; soit de Harbine à la frontière 530 verstes; de la frontière à Nikolsk 120 verstes; soit environ 1500 verstes pour la partie comprise entre les deux frontières, c'est-à-dire en territoire chinois.

(1) Section du chemin de fer transsibérien, déjà exploitée, allant du lac Baïkal à Strétensk.

(2) La verste équivaut à peu près à notre kilomètre; c'est exactement 1066 mètres.

La deuxième branche part de Harbine, droit au sud; elle traverse la Soungari, laisse à l'est Girin, passe près de Moukden et aboutit à Port-Arthur. Ceci constitue un tracé de 900 verstes environ, tout entier en territoire chinois. Il faut signaler avec cette branche, un petit embranchement d'une vingtaine de verstes, reliant la grande ligne au port de Yng-tze ou Nioutchouang.

A proprement parler, le chemin de fer de Mandchourie ne comprend que la partie du tracé située en territoire chinois, soit 2400 verstes environ. C'est cet ensemble qui constitue le « chemin de fer de l'Est Chinois »; sa construction est confiée à une administration spéciale, ayant son centre d'action à Harbine.

La construction de la ligne entre Kaïdalovskoë et la frontière est confiée à l'administration du chemin de fer de Transbaïkalie; l'administration du chemin de fer de l'Oussouri, fut chargée de construire la partie comprise entre Po-Granitchna et Nikolsk.

L'ensemble de tous ces travaux des Russes en Mandchourie, sont pour nous, Français, du plus haut intérêt; c'est nous, en effet, qui avons fourni à la Russie la majorité des capitaux, qui ont constitué les fonds de la banque russo-chinoise, et qui sont consacrés à cette colossale entreprise.

De plus, nous avons au Yun-nan, une situation, sinon aussi brillante que celle des Russes dans le nord, du moins, ayant quelque analogie avec elle; il n'est pas douteux que l'on puisse faire bon profit, de pas mal d'observations sur les façons de faire des Russes en Mandchourie, pour la construction de notre chemin de fer de Lao-kay à Yun-nan-sen, situé, lui aussi en plein pays chinois.

C'est pour ces raisons que nous obtenions, le capitaine de Bouillane de Lacoste et moi (1) en janvier 1900, une mission pour étudier ces questions si pleines d'intérêt et d'actualité et si peu connues en France. Nous nous embarquions à Haïphong, le 21 janvier 1900, pour effectuer ce voyage de Mandchourie ; notre but était d'atteindre d'abord la capitale du céleste empire : allant ensuite de Pékin à Vladivostock par terre, nous devions suivre sur la plus grande partie de son parcours, le tracé de la voie ferrée en construction.

Notre étude nous amena à faire tout d'abord un crochet dans le sud, pour visiter la presqu'île du Leao-toung et la colonie russe de Port-Arthur; de cette ville, nous remontâmes, droit au nord, jusqu'à Harbine, et de là, une marche vers l'est nous conduisit à Vladivostock. Notre mission terminée, nous utilisâmes alors la voie de l'Amour et du Transsibérien, pour rentrer en Europe.

Empressons-nous de dire que l'Administration russe, voyant arriver en Mandchourie deux Français, les premiers étrangers cherchant à parcourir le pays et à visiter les travaux, fut pour nous d'une extrême amabilité. Il n'en fut pas de même avec tout le monde : au cours de notre voyage, nous rencontrâmes, en Sibérie, un ingénieur anglais, qui s'était vu refuser l'autorisation de suivre, après nous, notre itinéraire de Mandchourie; on lui prétexta que le dégel avait détruit la voie en certains points, et que l'état des chemins rendait le voyage impossible.

(1) Nous achevions tous deux, à ce moment, un séjour d'un an en Indo-Chine, pendant lequel nous avions fait partie de missions de chemin de fer, le capitaine de Lacoste au Yun-nan, et moi dans les montagnes de la chaîne annamitique.

II

Départ de Tien-tsin ; premières agitations des boxers dans cette ville. — Notre interprète. — Chan-haï-kouan. — La Grande Muraille. — Kin-tchéou. — Nioutchouang.

Le chemin de fer de Sin-min-toun ; lutte entre les Anglais et les Russes, à propos des chemins de fer de Nioutchouang et de Sin-min-toun.

Notre entrée en Mandchourie dut être précédée d'un assez long séjour (17 février au 8 mars) à Tien-tsin et à Pékin. Il fallait, en effet, nous munir de passe-ports chinois, de passe-ports russes, et nous faire présenter aux autorités de la Légation de Russie et de la banque russe-chinoise qui devaient, pour la suite, faciliter notre voyage.

Entre temps, nous visitâmes avec grand intérêt, toute cette région, dans laquelle nous devions revenir six mois plus tard, avec le Corps Expéditionnaire.

Déjà à Tien-tsin, on commençait à s'émouvoir du mouvement boxer : il y avait grande agitation dans la ville chinoise, et des proclamations avaient été affichées, annonçant le programme de la secte : chasser les Européens, détruire les chemins de fer et le télégraphe, faire disparaître les chrétiens et leur religion.

De nombreux émissaires avaient signalé cela à notre consul général, le Comte du Chaylard ; les missionnaires commençaient à avoir des craintes, et déjà le père procureur des Jésuites, avait fait enterrer toutes ses valeurs, ses titres de propriété, etc... M. du Chaylard profita même de notre présence, c'était chose assez rare, alors, de voir à Tien-tsin deux officiers français, pour organiser, à la municipalité, une réunion de tous les Français habitant la ville ; on y discuta les mesures à prendre pour la défense du consulat et de la concession française.

C'était là un prélude des graves évènements, qui se sont déroulés depuis, et dont on ne prévoyait pas encore toute l'importance ; on croyait à des bandes de brigands, sans armes sérieuses et sans organisation solide, et on eut à se défendre contre une véritable armée régulière.

Bref, nous commencions à nous inquiéter quelque peu, et à craindre de devoir renoncer à notre voyage ; à la demande du corps consulaire de Tien-tsin, le vice-roi du Tché-li fit placarder un édit, garantissant les Européens, et menaçant des peines les plus sévères les fauteurs de désordres. Cette proclamation officielle sembla ramener le calme et nous décidâmes notre départ.

Il était temps : entre ce premier mouvement et le soulèvement général, nous eûmes juste le temps d'effectuer notre voyage et de passer la frontière de Chine.

Le 8 mars, nous quittions Tien-tsin pour gagner Nioutchouang en chemin de fer. Notre départ fut l'image et la fin des réceptions si aimables et si empreintes de cordialité, dont nous avions été l'objet de la part de tous, à Tien-tsin et à Pékin. A la gare, le Consul général et plusieurs français de Tien-tsin, le général de Vogack (alors colonel) agent militaire de la Russie en Chine et ses deux officiers adjoints étaient venus nous serrer la main et nous souhaiter bon voyage.

Nous nous embarquons avec un Chinois interprète et cuisinier, que nous avons amené de Changaï et qui répond au nom d'A-Min. C'est un homme d'une cinquantaine d'années, qui a déjà beaucoup voyagé; il fut longtemps cuisinier sur des navires de guerre français, et en cette qualité il fit même un voyage en France. Aussi, il parle assez bien le français et il en est fier; certain jour, il nous disait, le plus naturellement du monde : « C'est drôle, sur les bateaux de guerre, il y a des matelots bretons, ça ne sait même pas parler français » ; dans la bouche d'un Chinois, le mot était assez typique. Enfin, pour en finir avec cet intéressant personnage, et ne rien lui enlever de ses mérites, disons qu'il avait un assez beau fait de guerre à son actif : il avait assisté en 1892 aux opérations devant Bangkok, et au forcement de la passe de Pak-nam ; il racontait à qui voulait l'entendre, qu'il avait bravement transporté des obus et approvisionné les pièces sous le feu des Siamois. Grand et majestueux, c'est un superbe majordome, qui constitue à lui seul toute notre maison, et duquel nous attendons les plus grands services.

Notre train quitte Tien-tsin, vers onze heures; comme tous les trains circulant sur la ligne, il est littéralement rempli de Chinois ; suivant leur classe sociale ou leur situation de fortune, ceux-ci son installés dans des wagons de première ou de seconde classe, ou simplement empilés sur des trucs et des plate-formes, qui sont, pour l'œil européen, un spectacle très original. Sur des plate-formes aussi, on voit quantité de charrettes, de chevaux, de mulets, véhicules de Chinois voyageant avec leurs moyens de transport sur route. C'est une chose très courante; le voyageur arrive à la gare sur son cheval ou dans sa charrette : tandis que lui-même s'installe dans un wagon, sa voiture est dételée et hissée sur le train, avec ses animaux et son cocher. A l'arrivée, la manœuvre inverse s'exécute, et le propriétaire n'a qu'à descendre du wagon pour remonter dans son équipage.

Nous disposons d'un wagon réservé, attelé en queue du train : c'est une voiture très confortable, où l'on peut circuler, dormir, et même faire un peu de cuisine. Ces véhicules sont à peu près exclusivement employés, par les rares Européens circulant sur cette partie de la ligne. Entre Tien-tsin et Pékin, au contraire, il y a, dans chaque train, un wagon-poste aménagé avec tout le luxe de nos voitures de première classe, et où les Chinois ne sont pas admis.

Notre première journée doit nous conduire à Chan-haï-kouan, soit à 279 kilomètres de Tien-tsin ; c'est le trajet bien connu maintenant des nombreux officiers du corps expéditionnaire, qui sillonnèrent cette région. Nous revoyons d'abord toute une partie de la ligne, que nous avions déjà parcourue pour gagner Tien-tsin, après notre débarquement à Tchin-ouang-tao ; nous traversons le centre important de Tong-kou, qui devait devenir, quelque temps après, le point de débarquement et la base d'opérations et de ravitaillement de toutes les forces européennes.

La ligne longe ensuite la série des camps retranchés de Lou-taï, où sont casernées presque toutes les forces militaires du Tché-li, et où se trouve la résidence du Ti-taï, grand chef militaire de la province. On aperçoit du chemin de fer, de vastes casernes, entourées de murs en terre et de fossés, des champs de manœuvre, des lignes de tranchées, etc. ; c'est de là que vinrent les troupes régulières chinoises, qui prirent part aux opérations devant Tien-tsin.

La voie se déroule dans un pays atrocement plat et désolé ; des champs de sorgho, dont les récoltes ont été moissonnées, et des dunes de sable, seul spectacle que nous puissions contempler, donnent à toute la région une teinte jaunâtre et poussiéreuse et un aspect d'une tristesse désespérante. Quelques bouquets d'arbres, marquant les emplacements des cimetières, de nombreux villages aux maisons uniformément basses et grises, coupent parfois la monotonie du paysage mais sans rien lui enlever de sa sécheresse morne et triste.

Une petite diversion se produit au passage de la région houillère de Tang-chan et de Kaï-ping. Quelques collines entourent la ville de Tang-chan, qui est un centre important de population ; dans tous les environs, on aperçoit des cheminées d'usines, des échafaudages de puits de mines, qui donnent un peu d'animation à cette nature morte. C'est cette ville qui fut le berceau des chemins de fer chinois ; les ateliers de construction et de réparation du matériel y occupent 600 à 800 ouvriers ; quant aux mines, elles fournissent journellement 1500 tonnes de charbon, et 3000 Chinois y sont employés. Ce centre industriel se prolonge jusqu'à la station de Ku-yeh, d'où l'on voit les mines de Lin-chi ; la ligne de collines se continue également jusqu'au Louan-ho, grande rivière que la voie ferrée traverse, près de la ville de Louang-tchéou.

Nous retrouvons ensuite le paysage plat et triste, jusqu'à la station de Chan-haï-kouan, où nous arrivons dans la soirée.

Le lendemain matin à neuf heures, après une nuit passée dans notre wagon, nous quittons la gare et nous apercevons l'enceinte murée de la ville, puis les fameux forts de Chan-haï-kouan : quelques mois plus tard, ils devaient être l'objet d'une opération de guerre des armées alliées. Presque aussitôt, nous arrivons à la Grande Muraille, cette vieille relique chinoise, qui fut un but d'excursion pour tant de touristes, et plus récemment, pour nombre d'officiers des corps expéditionnaires de toutes nationalités.

Cette immense ligne de fortification s'étend sur un chaînon montagneux jusqu'à la mer; aussi la voie ferrée doit-elle la couper par une immense tranchée.

Dès que cet obstacle est passé, on longe une série de casernes retranchées, qui servent d'abri à la nombreuse garnison de la ville; elle est commandée au moment de notre passage, par un vieux maréchal de 82 ans, du nom de Soung-kong-pao. Nous voyons, au bord même de la voie, sur un vaste terrain de manœuvre un régiment à l'exercice; ce sont des troupes dressées à l'européenne : les faisceaux sont formés en lignes, et par petits groupes, les hommes se livrent à un exercice de marche, qui ressemble à s'y tromper à une esquisse du pas de parade de l'armée allemande.

Pour compléter l'illusion d'une séance de manœuvre en Europe, un petit groupe de Chinois, paraissant être des officiers, entretiennent au centre du terrain une conversation très animée : peut-être sont-ce là de jeunes mandarinaux militaires, se contant leurs bonnes fortunes de la veille ou les derniers échos du café-concert de Chan-haï-kouan ; peut-être aussi disent-ils des méchancetés sur le compte de leurs chefs : cela est si humain, que cela doit être même... chinois.

Le train nous emporte, et nous perdons de vue ce spectacle militaire; nous traversons une région un peu plus mouvementée que la veille ; la ligne, suivant de près la côte, coupe toute une série de rivières se jetant à la mer. Ces cours d'eau sont séparés les uns des autres par de petits dos d'âne, que la voie coupe en déblai; ces mouvements deviennent de plus en plus importants, jusqu'à former, près de la ville de Ning-yuen, une véritable gorge montagneuse très pittoresque, où les terrassements du chemin de fer atteignent 7 à 8 mètres de hauteur.

Ning-yuen est une grande ville murée, dont on aperçoit l'enceinte; en avant d'elle, et sur une ligne de crête, une série de tours en maçonnerie semblent constituer les postes avancés de la Grande Muraille.

Tous les cours d'eau dont nous venons de parler sont traversés sur des ponts en fer; plusieurs sont encore inachevés : la voie fait alors un détour pour utiliser un passage provisoire établi sur pilotis. Citons en particulier, comme un ouvrage d'art très important, le pont situé près de la station de Choung-hou-so ; il se compose de deux éléments, l'un de huit travées, l'autre de dix-sept, ce qui lui donne une longueur totale de 700 ou 800 mètres ; la construction en est assez avancée, mais toutes les travées ne sont point encore en place. Un autre pont, analogue mais achevé, est aussi passé par la voie ferrée, un peu avant l'arrivée à Ning-yuen.

Peu après cette ville, on retrouve une région où les ondulations du terrain sont beaucoup moins accusées ; elle est néanmoins coupée par plusieurs rivières, et nous voyons encore plusieurs ponts en construction, avant d'arriver à Kin-tchéou.

Cette deuxième étape est beaucoup plus courte que la première; nous n'avons fait que 152 kilomètres en 8 heures, ce qui nous donne une vitesse moyenne de 19 kilomètres ; c'est tout ce que l'on peut atteindre, dans l'état actuel de la voie et des ouvrages d'art.

Mais elle présente aussi un trajet bien plus intéressant que celui de Tien-tsin à Chan-haï-kouan. L'intérêt de la région elle-même, est doublé par la proximité de la grande route chinoise de Tien-tsin, à Moukden ; on y voit circuler des caravanes de charrettes, de Chinois à cheval, à âne, à pied, des troupeaux... etc., Tout cela forme un tableau très pittoresque, se déroulant le long de la voie, et rendant le parcours très amusant.

Kin-tchéou, encore une grande ville murée, est le terminus de la partie exploitée de la ligne ; jusqu'à Nioutchouang la voie est construite, mais non exploitée, et ce n'est que par une amabilité de la compagnie que nous pouvons la parcourir, à la suite d'un train de service conduisant du matériel ; aussi mettons-nous toute une journée pour faire ce trajet, avec une sage lenteur et de nombreux arrêts dans différents chantiers ; ceci nous amène à sept heures du soir à Nioutchouang.

Le paysage traversé est peu varié, mais on voit en tous points des équipes de coolies chinois, achevant la voie ou travaillant à la construction des ponts.

Sur le Ta-ling-ho, on construit un pont qui aura près de 1000 mètres de longueur ; dix de ses piles sont commencées et il doit en avoir seize.

Aucune des gares n'est construite, les emplacements sont simplement marqués. Nous faisons un long arrêt à Che-san-chan, qui doit être le point de bifurcation de la ligne de Sin-min-toun, et semble être l'amorce d'une station importante. Cela nous amène à faire une petite digression, sur cette voie de Sin-min-toun, et sur la lutte du chemin de fer anglo-chinois et du chemin de fer russe.

La ligne de Tien-tsin à Chan-haï-kouan et celle de

Tien-tsin à Pékin, constituent le « chemin de fer impérial chinois », mais ce sont en réalité des lignes d'influence anglaise. Construites par des ingénieurs anglais, disposant de tout un haut personnel de contrôle et de surveillance anglais, et surtout ayant des intérêts puissants dans les banques anglaises, ces voies ferrées sont, d'une façon tacite mais effective, soumises à l'action du gouvernement britannique. Au moment où les concessions du chemin de fer de Mandchourie et du grand central de Pékin à Hankéou furent accordées, les Anglais songèrent à relier, l'un à l'autre, ces deux grands réseaux, en même temps qu'ils assureraient la jonction du Transsibérien avec la capitale, au moyen d'une ligne ferrée soumise à leur influence. Il s'agissait pour cela de mettre à exécution un projet déjà ancien, en prolongeant jusqu'à Nioutchouang la ligne de Tien-tsin à Chan-haï-kouan.

L'importance de cette voie ferrée devait être capitale : « La ligne à construire serait le débouché unique et le chemin nécessaire de la Chine vers l'Europe. Celui qui en serait le maître deviendrait, par le fait même, le véritable portier du Céleste Empire.

C'était un autre canal de Suez, qu'il s'agissait d'accaparer, et c'est ce qui explique toutes les concessions, auxquelles consentit le gouvernement britannique, pour y parvenir. »

(J. de Marcillac. Juillet 1899.)

En réalité il n'y parvint pas, en raison de la ferme opposition du gouvernement russe; son but était de faire fournir par les banques anglaises les fonds nécessaires à la construction de cette ligne et de se réserver ainsi un privilège hypothécaire pouvant permettre, à un moment donné, de revendiquer la possession de la voie.

Les Russes virent bien vite le danger qui résulterait pour eux d'un tel état de choses : leur Transsibérien serait ainsi relié à la capitale, par une voie ferrée qu'une manœuvre financière pourrait rendre anglaise d'un jour à l'autre. De plus, cette ligne de jonction, longeant la côte, était placée sous la surveillance immédiate des croiseurs anglais.

Aussi, dès le milieu de 1898, le gouvernement du tzar engagea une lutte diplomatique très vive, à Pékin, à Londres et à Pétersbourg, avec le gouvernement britannique. Les Russes s'appuyèrent sur la convention Cassini, qui leur garantissait la concession de toute voie ferrée au nord de la Grande Muraille, dans le cas où la Chine ne pourrait la construire elle-même ; mais cela amena des discussions sans fin, et ce n'est que le 28 avril 1899 que le différend fut réglé définitivement. Le gouvernement anglais retira sa prétention de faire garantir l'emprunt par une hypothèque sur la voie ferrée au delà de Chan-haï-kouan ; ce fut la partie déjà construite entre Tien-tsin et Chan-haï-kouan qui fut donnée comme garantie des capitaux.

En même temps, naissait l'idée du chemin de fer de Sin-min-toun. A l'instigation de l'Angleterre, le gouvernement chinois projetait une ligne, se détachant de la voie côtière à la station de Che-san-chan, passant par Sin-min-toun, et atteignant Moukden.

Les travaux de cette ligne étaient déjà commencés, en mars 1900, les terrassements étaient achevés jusqu'à Siao-hei-chan, soit sur 80 kilomètres environ. Mais les Russes s'émurent de cette nouvelle tentative de jonction, et arrivèrent à imposer au gouvernement chinois l'obligation de ne pas dépasser la ville de Sin-min-toun ; c'était terminer la ligne en cul de sac, à 60 kilomètres de Moukden, et la vouer à une ruine certaine.

En même temps, ils projetaient eux-mêmes, et obtenaient l'autorisation de construire une ligne directe de Moukden à Pékin ; ils plaçaient ainsi sous leur autorité bien établie cette jonction dont les Anglais avaient rêvé de s'emparer. Cette voie ferrée passant à l'intérieur des terres, construite avec l'écartement de la voie russe, différent de celui de la voie anglo-chinoise, évitant ainsi tout transbordement, doit forcément absorber tout le trafic ; elle portera donc un grand coup à l'importance du commerce du port de Nioutchouang, en majeure partie aux mains des Anglais.

Mais cette ligne n'était encore qu'à l'état de projet au moment de notre voyage ; peut-être le gouvernement du tzar, attendait-il, pour en commencer les travaux, que l'achèvement du réseau mandchourien ait assuré, d'une façon incontestable, sa suprématie dans le nord de la Chine.

III

Nioutchouang : la ville, son commerce. — La gare russe. — Mesures sanitaires contre la peste. — Départ pour Port-Arthur. — Ta-che-tsiao. — Oua-fang-tien. — Les stations russes. — Le drapeau de l'Est Chinois.

Nous voici à Nioutchouang, et c'est une étape importante de notre voyage ; c'est là que nous pénétrons réellement en Mandchourie, et que nous devons prendre le contact avec le chemin de fer russe objet de notre étude.

Disons de suite, que c'est très improprement que nous parlons de Nioutchouang ; la ville où nous nous trouvons s'appelle Yng-tze ou Yng-koa ; c'est le port situé sur la rive gauche du Leao-ho, à son embouchure. La ville de Nioutchouang, se trouve sur une branche du fleuve, à une quarantaine de kilomètres à l'intérieur des terres ; jadis, les navires de petit tonnage, qui font le cabotage du golfe du Pé-tchi-li, remontaient jusqu'à cette ville, qui était alors le grand centre commercial de la région.

Depuis lors, le fleuve s'étant ensablé, les navires ne le remontent plus, et le commerce s'est transporté à son embouchure ; les Européens ont déplacé le nom de la ville en même temps que son commerce, et continué à appeler Nioutchouang le port commercial qui se trouve maintenant à Yng-tze. Voilà l'explication de cette anomalie de dénomination.

En nous éloignant de Tien-tsin, nous avons

retrouvé le froid : un vrai temps de gros hiver. Nous avions quitté cette ville, après avoir vu le Pei-ho dégeler et le port de Takou s'ouvrir ; depuis Chan-haï-kouan, les nombreuses rivières, que nous avons traversées, étaient complètement prises par les glaces, et à Kin-tchéou nous observions une température de-11° dans notre wagon au réveil.

. Le chemin de fer nous amenait le 10 mars au soir à l'emplacement de la future gare terminus de la ligne, c'est-à-dire sur la rive droite du fleuve, en face de la ville. Le lendemain matin, nousquittionsnotre wagon ; nous dûmes faire dégeler de l'eau pour notre toilette, et nous livrer à une véritable manœuvre de force pour ouvrir les portes de notre voiture, que la gelée maintenait obstinément fermées.

Par un froid très vif et un vent comme on n'en rencontre que dans le nord de la Chine, nous nous mettons en route, après avoir fait charger nos bagages sur le dos de quelques coolies ; nous traversons le fleuve sur la glace, et nous voici à l'entrée de la ville. Mais nous ne sommes qu'au commencement de nos peines ; pour gagner la mission française, où nous devons descendre, il faut traverser toute la grande cité chinoise qu'est la ville de Yng-tze. Cela ne s'effectue pas sans de nombreuses hésitations, et sans quelques allées et venues. Mais surtout, nous provoquons une curiosité bien légitime chez les bons Chinois ; nous sommes entourés, suivis, et même accompagnés de quelques lazzis, variations sur la dénomination de Yang-koci-tze, diable étranger.

Pendant près d'une heure, nous circulons dans des rues uniformément étroites, tortueuses et sales, qui sont le caractère de toute ville chinoise ; ces rues sont bordées de maisons basses, de boutiques de toute nature, dont les éventaires avancent hors des habitations, offrant leurs produits aux passants, et dont les classiques enseignes, variées de forme et de couleur font l'ornement de la voie publique. De loin en loin, une pagode ou un yamen (habitation de mandarin) d'une architecture un peu plus riche, rompt la monotonie des constructions.

Au milieu de tout cela, un grouillement de Chinois, de tous âges et de toutes conditions, de chevaux, de charrettes, complète la physionomie de la cité qui est celle de toutes les villes du Céleste Empire. Les voitures ont juste leur passage dans ces voies étroites, et souvent nous devons nous en garer, en pénétrant dans les maisons, pour la plus grande satisfaction de la curiosité des habitants.

Enfin, nous débouchons dans un quartier moins exotique, où quelques maisons européennes s'alignent autour d'une petite place et le long du fleuve. C'est là que résident les quelques Européens habitant la ville et que nous trouvons la mission; nous y sommes reçus à bras ouverts par le R. P. Choulet, qui nous offre chez lui une hospitalité charmante et des plus affables.

Dès notre arrivée, le Père nous fait faire le tour du propriétaire dans les établissements de la mission, dont il est le procureur ; il a chez lui des chantiers de construction, où l'on travaille à une nouvelle habitation; on achève également une superbe église en briques, d'un style bien français, qui nous apporte un doux souvenir de France dans ce lointain pays. Nous faisons aussi une visite aux religieuses qui nous font les honneurs de leur orphelinat : dans l'un les petits garçons, dans l'autre les petites filles sont recueillis et élevés avec des soins que ne comprend pas la morale chinoise.

Chantier de charpentiers chinois à Nioutchouang.

Notre promenade se continue sur les remparts de la ville, mauvaise ligne de fortification avec mur en terre, qui fut enlevée par les Japonais pendant la guerre sino-japonaise. Le R. P. Choulet qui assista à toutes les opérations de la prise d'Yng-tze, nous raconte à ce sujet quelques épisodes très intéressants ; entr'autres, il nous dépeint un moyen de défense passive très original, imaginé à ce moment par les Chinois : comme le siège avait lieu en plein hiver, les remparts étaient tous les jours arrosés et couverts d'eau : cette eau en se congelant les recouvrait d'une surface glacée, qui devait empêcher les Japonais de monter à l'assaut ; on vit que ces précautions furent insuffisantes, pour arrêter les troupes assiégeantes, et empêcher la prise de la ville.

Une autre anecdote montre que pendant la guerre, les populations redoutaient la présence des troupes chinoises, presqu'autant que celle des Japonais ennemis. Un village venait d'être occupé par des forces chinoises; un des habitants, possédant une paire de souliers japonais, chaussa les dites chaussures et fit, autour du village, des traces de pas dans la neige : il vint ensuite avertir le mandarin militaire, de la soi-disant présence aux environs de soldats ennemis, qui venaient rôder jusqu'auprès des habitations ; à l'appui de son dire, il lui montra, avec terreur, les empreintes qu'il venait de faire. La troupe délogea aussitôt ; le village en fut débarrassé et le but était atteint.

Nous revenons dans la partie européenne de la ville : là se trouvent rassemblés les consulats russe, anglais, américain et japonais, la mission catholique française, la mission protestante anglaise, la banque russo-chinoise, et quelques maisons de commerce anglaises, américaines et russes.

Le commerce de Nioutchouang est assez important, car le fleuve dessert toute la province : on compte 13,000 jonques qui pendant la belle saison, naviguent entre Yng-tze et Thie-ling. Ces bateaux transportent des produits de toute nature, entre autres des grains et des haricots, qui sont la base de l'exportation. Ce trafic important est recueilli au port par diverses compagnies de navigation : les compagnies japonaises en prennent le tiers environ ; le reste se partage entre les riches sociétés de Changaï et les Russes, dont l'influence commerciale dans le pays, devient de jour en jour plus marquée.

Enfin le mouvement du port a été considérablement augmenté, par la construction du chemin de fer russe. Dès l'origine des études et des travaux, Nioutchouang est devenu un centre important pour le débarquement du personnel et du matériel ; cela a permis d'y ouvrir des chantiers de pose, au nord vers Harbine, et au sud vers Port-Arthur.

Dès le lendemain de notre arrivée, nous faisons des visites au consulat de Russie et à la banque russo-chinoise ; nous y sommes parfaitement reçus, et nous pouvons déjà juger de l'effet produit par les lettres de recommandation, dont nous nous sommes munis. Nous en avons pour tout notre parcours et nous les devons à l'amabilité de M. de Giers, le ministre de Russie en Chine, et du directeur de la banque russo-chinoise à Pékin.

Ayant manifesté notre intention d'aller à Port-Arthur en chemin de fer, un des agents de la banque nous conduit immédiatement à la gare. Elle est située à cinq kilomètres environ, à l'est de la ville, sur le bord du fleuve ; cet éloignement doit s'expliquer par des luttes entre les intérêts anglais et russes. Dès les premières études de la voie, les Anglais firent acheter tous les terrains avoisinant la ville, et où le chemin de fer pouvait passer ils ne consentirent ensuite à les céder aux Russes qu'à des conditions excessivement onéreuses. Ces derniers se butant peut-être plus à une question d'amour-propre national, qu'à la question pécuniaire, refusèrent tout marché, et prirent carrément le parti d'arrêter le chemin de fer en dehors de la ville.

Le chemin de la gare suit la berge du fleuve, qui présente un spectacle très animé et très pittoresque : sur tout notre parcours, nous voyons une suite ininterrompue de jonques alignées hors de l'eau, il y en a certainement plusieurs milliers, et que leurs propriétaires réparent en vue du dégel prochain. C'est tout un monde de Chinois travaillant et criant ; de nombreux enfants font leurs premiers essais du métier paternel, ou se contentent, assis par terre, de regarder gravement travailler leurs aînés.

Cette diversion nous fait paraître la route moins longue, et nous arrivons dans un immense établissement qui est la gare ; pour la première fois, nous voyons la large voie russe (1 m, 52, au lieu de 1m, 45) sur laquelle nous allons voyager si longtemps.

Nous sommes présentés à M. Titoff, l'ingénieur chargé des travaux de toute la région, et le créateur de Nioutchouang, comme point de débarquement et station tête de pose de la voie.

C'est un homme fort aimable, qui se plaît à nous faire visiter son immense installation : constructions de toutes dimensions, dépôts de machines, ateliers de montage, logements d'ouvriers... etc...

Il y a à Nioutchouang un personnel de 200 hommes employés au Chemin de fer, plus 60 cosaques, 80 soldats d'infanterie et une foule variable mais nombreuse de coolies chinois; cela peut donner une idée de l'importance de cette station, qui a poussé en dix-huit mois.

Malheureusement, tous ces grands établissements sont placés à un coude du fleuve, où les eaux rongent le terrain avec une rapidité surprenante ; des accidents se sont déjà produits, et il faudra faire des travaux importants et de grosses dépenses pour se mettre à l'abri de ce fléau.

Nous visitons également, tout auprès de la gare, une immense formation sanitaire dont nous devons dire quelques mots. Les Russes ont dû, pour l'exécution de leurs immenses travaux, faire appel à la main-d'œuvre chinoise, et pour cela recruter des travailleurs dans les régions très peuplées de Tien-tsin et de Tche-fou ; au moment de notre passage, on nous signalait 70.000 engagements d'ouvriers, venant ainsi de l'extérieur.

Parmi ces gens, les uns débarquaient à Port-Arthur d'autres à Nioutchouang, d'autres à Vladivostock ; ils étaient ensuite dirigés, soit en chemin de fer, soit à pied, sur les divers points de la ligne.

Avec un mouvement de population aussi considérable, dans un pays souvent infesté par la peste, il était à craindre de créer un véhicule de contagion et d'introduire ce fléau jusqu'en Sibérie. Pour étudier cette question et arrêter au passage la terrible maladie, une commission de docteurs et d'officiers fut envoyée sur les lieux ; elle organisa son centre d'action à Nioutchouang, qui est le port de débarquement le plus important, et en même temps le point le plus dangereux; en 1899, en effet, cette ville fut ravagée par la peste, qui fit même plusieurs victimes parmi les Russes.

A tous les points de débarquement, la commission plaça des docteurs, et fit construire d'immenses baraquements, où tous les coolies engagés sont soumis à une visite médicale très sérieuse, et où leurs personnes et leurs effets sont nettoyés et désinfectés. Ce n'est qu'après cette visite et cette désinfection qu'ils sont dirigés vers l'intérieur ; pendant la route, ils restent encore sous la surveillance de nombreux médecins, répartis sur le trajet. C'est un de ces établissements médicaux, que nous visitons à la gare de Nioutchouang ; nous y sommes fort aimablement reçus par le chef de la mission, M. Alexandrovski, capitaine aux chevaliers-gardes ; c'est lui que quelques ingénieurs ont plaisamment surnommé « le grand général de la peste ».

Nous passons aussi auprès du camp des cosaques, qui sont là pour la garde des travaux et du personnel ; ils prennent la faction dans tous les établissements russes : à la banque, au consulat... etc... Notre aimable cicérone nous conte que, la veille, ils ont eu fort à faire pour intervenir dans une bagarre entre coolies chinois ; une grande bataille s'était déclarée entre gens de Tien-tsin et gens de Tche-fou, et l'on avait eu à constater la mort de huit individus. C'est, paraît-il, chose assez fréquente, que ces luttes entre coolies venant de régions diverses.

Cette longue visite nous pousse assez loin dans la soirée ; M. Titoff, organise, pour le 15 au matin, notre départ pour Port-Arthur, puis il nous fait reconduire à Nioutchouang dans son equipage. Nous faisons ainsi la première connaissance de la troïka russe et du tarentass sibérien, ce moyen de locomotion si souvent décrit par les voyageurs.

Le vent et la neige nous obligent à rester presque

constamment enfermés, pendant les deux jours que nous passons à Yng-tze. Mais ce temps d'arrêt nous est très profitable : d'interminables causeries avec notre bon missionnaire, qui connaît parfaitement la Mandchourie, nous initient à bien des questions intéressantes, sur ce pays que nous allons parcourir et ses habitants chez qui nous allons vivre.

Puis nous recevons plusieurs visites du personnel russe : consul, ingénieurs, agents de la banque; ce sont encore des sources de renseignements et de conseils pour le voyage.

Voici le 15 mars, jour prévu pour notre départ : mais le mauvais temps des deux derniers jours a endommagé la voie : le train, venant de Port-Arthur et qui doit nous y conduire, a été arrêté dans son parcours, et n'est attendu que dans la nuit. Nous sommes invités à passer la soirée à la gare, pour y attendre son arrivée ; c'est d'ailleurs jour de fête chez les Russes, et nous devons prendre part aux réjouissances.

Une voiture, — toujours le tarentass attelé en troïka — vient nous chercher vers huit heures, et nous faisons nos adieux au bon Père ; c'est encore un peu de la France que nous quittons, car nous n'espérons pas revoir de compatriotes avant longtemps ! sans doute pas avant notre arrivée à Moukden, où nous sommes annoncés à l'évêché. Aussi ces adieux sont-ils empreints de part et d'autre, d'une touchante cordialité.

Arrivés à la gare, nous trouvons une nombreuse société russe : vingt-cinq personnes environ, ingénieurs, officiers... etc..., qui nous attendent pour se mettre à table. On doit manger, aujourd'hui le plat national du carnaval : ce sont des crêpes très beurrées, sur lesquelles on étend un caviar exquis, et que l'on accompagne de nombreux petits verres de vodka ; nous nous associons à cette coutume annuelle, qui n'est d'ailleurs que le prélude d'un long et copieux dîner.

Le repas est très gai ; on a groupé autour de nous, une petite société parlant très bien le français, et nous serions loin de nous croire en Chine et chez des Russes.

La soirée se passa en longues causeries autour du samovar; M. Titoff nous conta d'une façon fort intéressante les débuts du chemin de fer à Nioutchouang. Il s'ouvrit à nous de ses difficultés avec les Anglais, au sujet de l'achat des terrains; il narra même, avec beaucoup d'humour, la mésaventure de certain commerçant britannique. Celui-ci émit des prétentions exhorbitantes, pour le prix d'un vaste terrain bordant le fleuve; aussi dût-on renoncer à le lui acheter ; bientôt après, on vit les trois quarts du domaine emportés par les eaux, au grand désappointement du propriétaire mais à la joie de toute la colonie russe.

Enfin, il nous fit un tableau très pittoresque des luttes qu'il dut soutenir contre les Chinois dans les débuts. Ceux-ci virent d'un mauvais œil des étrangers s'introduire chez eux, circuler dans le pays, parfois même couper des récoltes pour hâter les études topographiques ; aussi firent-ils souvent des tentatives de résistance; quelques-unes furent assez sérieuses et se terminèrent par des coups de fusil tirés de part et d'autre ; mais la plupart furent calmées par des charges inoffensives des cosaques, dispersant à coups de fouet les factieux.

La nuit s'avance et le train n'arrive pas ; ce n'est que le 16 au matin qu'il entre en gare, après avoir été arrêté une journée entière par les neiges. Vers neuf heures, nous sommes mis en route pour Port-Arthur ; nous disposons d'un wagon attelé à un train de service : c'est une grande voiture à couloir, avec de petits coupés assez confortables ; quelques véhicules de ce modèle ont été construits pour la circulation des ingénieurs sur la ligne.

Au bout d'une heure et demie, nous sommes à Ta-che-tsiao ; c'est une station très importante, car c'est là que le tronçon de voie de Nioutchouang vient se brancher sur la grande ligne de Port-Arthur à Moukden ; on n'aperçoit aucune construction définitive, mais de nombreux et vastes baraquements, qui seront remplacés plus tard par les bâtiments d'une grande gare.

Les Russes ont installé là un petit hôpital où une cinquantaine de malades sont en traitement. Le docteur, qui en est chargé, est parti avec nous de Nioutchouang ; il fait des efforts inouïs pour causer avec nous, accolant à des connaissances rudimentaires de français, ses souvenirs d'études latines. En parlant de son hôpital et de ses malades, il nous apprend une chose assez curieuse : on a observé dans le personnel russe, de nombreux cas d'une sorte de spleen, de mal du pays, se déclarant souvent à la suite d'un peu de surmenage ; plusieurs sujets atteints de cette affection, qui dégénère en véritable maladie nerveuse, ont dû être rapatriés.

A Ta-che-tsiao, notre train s'engage sur la grande ligne, allant au sud vers Port-Arthur. Nous passons près d'une ville murée, Kaï-tchéou ou Kaï-ping, et nous nous engageons dans une région assez mouvementée ; nous sommes en effet dans la presqu'île du Leao-toung, qui n'est que le prolongement dans la mer, d'un soulèvement montagneux.

Auprès de Sioung-yo, encore une ville à enceinte, la voie remonte, par une pente assez sensible, une vallée très pittoresque ; elle traverse plusieurs fois une petite rivière, sur des ponts encore rudimentaires. Encore des gorges resserrées, des belles tranchées dans le roc, quelques ponts en construction, et nous arrivons à la nuit à la station que les Russes appellent Va-fondian, et que nous appellerions Oua-fang-tien, d'après son nom chinois. En dépit de ces nombreux mouvements de terrain, changeant constamment le paysage, la région est atrocement triste; pas un arbre! presque pas trace de végétation! Un sol rocheux et caillouteux, absolument dénudé.

Le train passe toute la nuit et toute la journée du lendemain à Oua-fang-tien, qui est une importante station ; près de là, en effet, se trouvent des mines de houille qui ont été ouvertes par les Russes ; au moment de notre passage, on parlait d'une extraction journalière de 2.000 tonnes de charbon.

Toute la journée se passe en allées et venues dans la station, et ce n'est qu'à la nuit que nous repartons pour arriver le 18 mars à Port-Arthur.

Une station russe de ce genre est tout un monde ; on y voit quantité d'employés et de soldats, tous chaussés de grandes bottes, et coiffés de l'immuable casquette russe. Tous ces gens sont logés dans des baraques, souvent installées très sommairement; beaucoup vivent en famille, car on aperçoit en grand nombre des femmes et des enfants.

L'Administration du chemin de fer, ne s'est pas contentée d'acquérir les terrains nécessaires à la voie ; de loin en loin, dans toutes les stations un peu importantes, elle a occupé de vastes emplacements où elle loge son personnel.

Cela constitue de véritables petites colonies russes ; des soldats ou des ouvriers, utilisent leurs loisirs à cultiver le sol, et approvisionnent de légumes tous les ménages voisins; d'autres s'y livrent à toutes les petites industries, il y exercent leur profession : tel est bottier, tel autre tailleur... etc.; quelques-uns même, recevant des provisions de Port-Arthur ou de Vladivostock, organisent des embryons de maisons de commerce.

Sur toutes ces agglomérations de population, comme sur tous les établissements de la Russie en Mandchourie, on voit flotter à côté des couleurs nationales russes, le drapeau du chemin de fer de l'Est Chinois.

C'est un pavillon distinctif, spécial à cette grande administration, et que l'on retrouve partout de Port-Arthur à Vladivostock. La disposition en est curieuse en rapprochant les emblèmes nationaux des deux empires de Pétersbourg et de Pékin.

Le dragon et le soleil chinois se détachent sur un fond mi-partie blanc et jaune, ces couleurs se séparant suivant une diagonale; puis, dans un angle supérieur, ressort le drapeau tricolore russe. On voit donc ainsi la pavillon russe s'unir au drapeau chinois, comme pour symboliser l'union des deux nations.

IV

Arrivée à Port-Arthur. — Réceptions. — Le territoire de Quang-toung. — Commandement et administration. — Forces militaires. — Les fortifications. — Le port. — Création de la ville et du port de Dalgny. — Émigration des Chinois à la suite de l'occupation russe.

Notre arrivée à Port-Arthur fut assez pénible et notre installation assez laborieuse ; après avoir constaté à la gare, que le wagon qui contenait nos bagages était resté en route, nous nous mettons à la recherche d'un hôtel.

Nous parcourons toute la ville, notre domestique chinois courant de côté et d'autre en quête de renseignements, et nous finissons par échouer chez un pâtissier-épicier-aubergiste russe, qui comprend quelques mots de français. Il met à notre disposition un local fermé par des cloisons de planches mal jointes et où se trouve un petit lit de camp, d'une propreté douteuse ; il faudrait être bien indulgent pour décorer cela du nom de chambre, mais nous savons provisoirement nous en contenter.

Nous nous présentons immédiatement au chef d'état-major, le colonel Floug, à qui nous sommes recommandés, et qui va s'occuper de nous faire installer un peu plus commodément.

Après un déjeuner original chez notre hôtelier, nous recevons la visite du capitaine Soltan, jeune officier parlant très bien français, qui a été envoye pour nous piloter un peu et nous tirer d'affaire. Il nous fait retrouver la piste de nos bagages, qui ont filé sur Ta-lien-van, et il nous découvre des chambres à peu près convenables ; c'est ce qu'il y a de mieux à Port-Arthur, et c'est loin d'être brillant.

Puis il nous conduit au cercle naval ; c'est une pagode chinoise, qui a été aménagée à l'européenne et qui offre tout le confort d'un grand cercle militaire : salles de café, de restaurant, belle bibliothèque, rien n'y manque. La décoration, faite de grandes tentures et de pavillons, est vraiment de très bon goût ; nous pouvons même apprécier, par un excellent dîner, la cuisine de céans.

Nous sommes présentés à quelques officiers de marine, peu nombreux en ce moment, car l'escadre n'est pas à Port-Arthur ; elle vient de passer quelque temps en Corée, et elle est en route pour rentrer.

Dès le lendemain, tout notre temps est pris par des visites, des réceptions, et aussi de longues promenades dans la ville et sur les hauteurs environnantes couvertes de fortifications. Nous sommes reçus par l'amiral Alexeieff, gouverneur du territoire, et grand chef de toutes les forces russes ; dans une première visite, où nous lui sommes présentés par le chef d'état-major, il nous parle longuement de la France, de l'Indo-Chine d'où nous venons, et de mille questions d'ordre général, sur les situations comparées de la France et de la Russie en Extrême-Orient. Puis il donne, en notre honneur, un dîner auquel assistent ses aides de camp et quelques officiers ; c'est encore un assaut de gentillesses : pendant tout le repas et la soirée, roule une conversation en français, très animée, pleine de choses nouvelles et intéressantes pour nous, et émaillée de mots aimables pour la France et les Français.

Nous eûmes aussi une réception fort intime — nous étions cinq à table — chez le colonel Gromtcheski, commissaire pour l'administration civile. Le colonel fut jadis un explorateur aventureux : il parcourut la région du Pamir et fit faire un grand pas à la connaissance de l'Asie ; les derniers événements de Chine l'ont pris à Port-Arthur, pour en faire le gouverneur de Moukden.

C'est un homme qui aime beaucoup la France, qui y est venu souvent, et pour qui un voyage à Paris est un bonheur ; il connaît d'ailleurs notre capitale à la perfection, et aime beaucoup à en causer. Nous pouvons dire qu'il nous reçut en camarades, tellement il sut nous mettre à notre aise et être aimable avec nous ; aussi causeries, musique et champagne se prolongèrent, chez lui, fort avant dans la nuit.

Le colonel chef d'état-major organisa aussi pour nous une réception au cercle militaire, où nous déjeunâmes avec un nombreux groupe d'officiers. En un mot, on mobilisa, pour nous, tous les moyens d'être aimable que l'on peut trouver à Port-Arthur.

Pendant tout notre séjour, nous fûmes pilotés par le capitaine Soltan, et par un lieutenant d'artillerie, qu'il nous présenta ; nous eûmes presque constamment l'un d'eux auprès de nous, et ils nous firent visiter dans tous ses détails, cette colonie russe, jeune encore, mais qui se développe vite et bien.

Port-Arthur est construit au milieu d'un cirque de montagnes, arrivant jusqu'à la mer, et enclavant même la rade ; ceci forme une manière de cuvette, sur les bords de laquelle s'étagent les constructions de la ville. Au centre de la cité, et comme ressortant sur le fond de la cuvette, s'élève un petit mamelon que les Russes ont appelé la montagne militaire, et sur lequel ils ont édifié leur église et leurs écoles.

Déjà les Chinois avaient compris l'avantage de ces dispositions, et avaient fait de Port-Arthur, une forteresse maritime. Les travaux du port et de l'arsenal très bien étudiés, et utilisés maintenant par les Russes, avaient été confiés à un ingénieur français; quant aux ouvrages de défense, ils avaient été construits sous la direction d'officiers allemands, alors au service du gouvernement chinois.

Les Japonais s'emparèrent de la place pendant la guerre sino-japonaise; ils s'y établirent, remanièrent les fortifications, et y restèrent jusqu'en 1898.

C'est en effet au commencement de cette année 1898, que la Russie obtenait de la Chine la cession à bail du territoire de Quang-toung. Le terrain cédé comprenait toute la partie sud de la presqu'île du Leao-toung, jusqu'à une ligne sensiblement est-ouest allant de Port-Adam à Pi-tsé-ouo. En même temps, une zone s'étendant au nord de cette frontière jusqu'à hauteur de la ville de Kaï-tchéou, était organisée comme pays neutre entre la Russie et la Chine.

Par une bizarrerie bien chinoise, le gouvernement du Céleste Empire, conservait la ville de Kin-tchéou, comme enclave chinoise en terrain russe.

Le 28 mars 1898, les Russes s'installaient officiellement à Port-Arthur, soulevant de la part des Japonais de violentes récriminations, qui firent croire un instant à la guerre. A l'origine de l'occupation, il surgit d'assez graves difficultés intérieures, par suite de la compétition entre les différentes autorités : marine, armée, corps d'ingénieurs... etc... Mais toutes ces luttes de clocher furent apaisées en janvier 1900 par la nomination d'un gouverneur, chef de tous les services; le premier titulaire de cette dignité fut l'Amiral Alexeieff qui reçut le titre de « commandant en chef des troupes de Quang-toung et des forces navales russes en Extrême-Orient. »

L'amiral a auprès de lui deux états-majors distincts, l'un pour les troupes, l'autre pour la marine. L'administration civile est, comme nous l'avons dit, confiée à un colonel.

Signalons aussi la présence auprès du commandant en chef, d'un agent diplomatique et secrétaire politique, M. Korostewetz, qui fut longtemps secrétaire à la légation de Pékin; c'est là un auxiliaire précieux, destiné à maintenir l'entente et la communauté de vues entre le gouvernement de la colonie et la légation.

Ce rouage fut d'autant plus utile que, pendant les derniers événements de Chine, ce fut M. Korostewetz qui signa au nom de la Russie les premiers projets de traité, relatifs à la Mandchourie.

En mars 1900, les troupes stationnées sur le territoire de Quang-toung atteignaient un effectif de 12 à 15.000 hommes; elles comprenaient 4 régiments de tirailleurs, 1 régiment de cosaques, 6 compagnies d'artillerie de forteresse, 3 batteries d'artillerie de campagne (batteries à huit pièces) et un détachement de sapeurs. Un des régiments de tiraillleurrs était réparti entre Ta-lien-van, Port-Adam et Pi-tsé-ouo; le reste des troupes était concentré à Port-Arthur.

On a construit là, des casernes magnifiques et très confortables; les chambres des hommes, très spacieuses forment une série de pavillons isolés et sans étage; le couchage est assuré au moyen de vastes lits de camp, courant tout le long des salles. Ces chambres sont décorées de sujets militaires et de souvenirs histo-

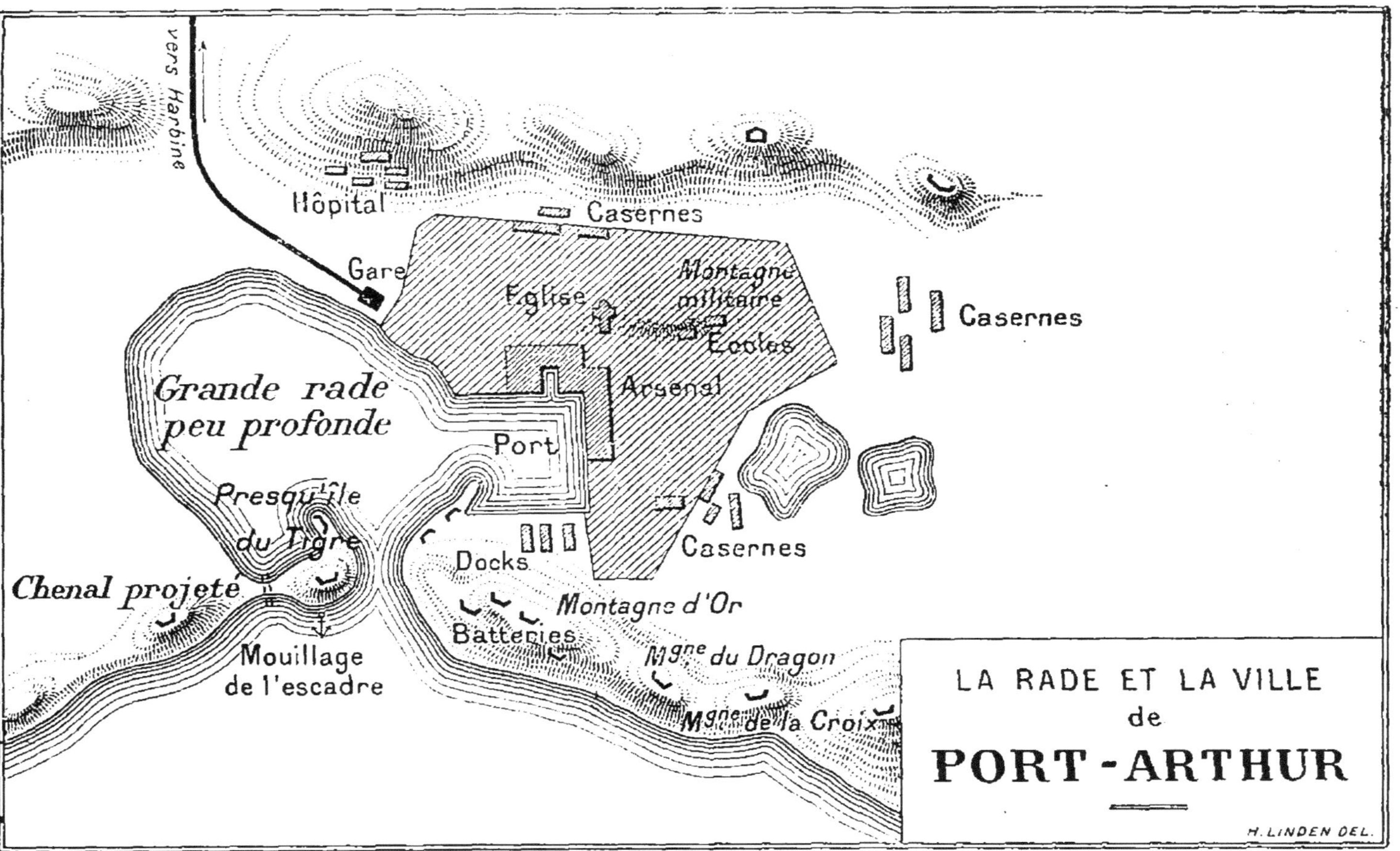
vers Harbine
Hôpital
Casernes
Gare
Montagne militaire
Eglise
Casernes
Ecoles
Arsenal
Grande rade peu profonde
Port
Presqu'île du Tigre
Docks
Casernes
Chenal projeté
Montagne d'Or
Batteries
Mouillage de l'escadre
Mgne du Dragon
Mgne de la Croix
LA RADE ET LA VILLE
de
PORT-ARTHUR
H. LINDEN DEL.

riques; toutes renferment l'image religieuse que l'on retrouve partout en Russie, et devant laquelle brûle une lampe toujours allumée; cela leur donne un air d'intérieur, tout à fait séduisant.

A l'écart des casernes, de petites maisons à un étage, très coquettes, servent de logement aux officiers. Enfin, sur le meilleur des emplacements occupés, s'élève un vaste hôpital militaire; situé juste en face de l'entrée de la rade, il est exposé à la brise du large, et on peut y jouir de la vue de la mer. Cinq grands pavillons, étagés à flanc de montagne, et parfaitement aérés, reçoivent les malades, qui y sont soignés par un personnel d'infirmiers militaires, et par des dames de la Croix-Rouge.

Les fortifications de Port-Arthur forment une ceinture complète dirigée à la fois contre la mer et contre la terre; cette ceinture est constituée par une série de forts et de batteries, couronnant toutes les hauteurs.

Craignant une attaque du Japon, les Russes se contentèrent d'abord d'un remaniement rapide de ces défenses; mais ensuite ils les transformèrent complètement, d'après les idées actuelles, renforçant leur armement, bétonnant les locaux, etc... Au moment de notre passage, on travaillait activement à cette réfection, et de nombreux officiers se plaisaient à répéter ce dicton devenu à la mode: « Les Anglais jouent au lawn-tennis à Weï-ha-weï, les Allemands font du commerce à Kiao-tchéou et les Russes construisent des fortifications à Port-Arthur. »

Une grande route d'un développement de 43 kilomètres réunit tous les ouvrages. Nous eûmes l'occasion d'en visiter quelques-uns, entr'autres ceux de la Montagne d'Or; situé immédiatement à l'est de la passe, ce sommet de 150 mètres de hauteur, a un très beau commandement sur la mer, domine complètement la ville et donne une très belle vue sur tout l'ensemble de la place.

Une seule passe, sud-nord, donne entrée dans la rade, qui malheureusement manque un peu d'étendue. A l'est se trouve un bassin carré autour duquel sont construits les cales sèches et les divers établissements de l'arsenal ; c'est là ce qui constituait le port chinois, trop exigu pour donner abri à de nombreux navires de fort tonnage. Quant à la grande baie située à l'ouest de la passe, elle n'a pas de profondeur ; aussi l'escadre russe prend-elle son mouillage en dehors et à l'entrée de la rade ; les grands navires n'entrent dans le port que lorsqu'ils doivent faire un séjour à l'arsenal.

Cet état de choses défectueux se modifiera avec les progrès de l'occupation ; on travaille déjà à approfondir la grande rade et l'on fait des projets pour créer une seconde passe, en creusant un chenal entre la presqu'île du Tigre et la terre ferme. Ces travaux à exécuter dans le roc seront certes considérables, mais ils feront de Port-Arthur une forteresse de premier ordre.

En même temps qu'ils s'occupaient de leurs fortifications et des travaux de leur port, les Russes songeaient aussi à l'organisation de leur colonie ; ils créaient des écoles pour les indigènes, attiraient leurs nationaux dans le pays, encourageaient l'établissement dès maisons de commerce, etc. Mais ce n'étaient là que des essais timides et provisoires, car Port-Arthur doit rester avant tout, la capitale militaire ; la capitale des affaires, le port de commerce dont ils attendent monts et merveilles sera la ville de Dalgny, une création russe à laquelle ils travaillent activement.

Nous ne pouvions manquer de visiter cette grande cité, encore en projet, mais déjà bien intéressante. Le voyage est organisé pour le 24 mars ; une chaloupe venue de Dalgny nous prend à Port-Arthur et nous amène quatre heures après dans la baie de Ta-lien-van ; c'est là, dans une anse appelée baie Victoria, que l'on aperçoit l'embryon d'une ville, qui doit devenir, c'est le vœu de la Russie, la reine du commerce d'Extrême-Orient.

Nous sommes reçus au débarcadère par l'ingénieur en chef, M. Sakaroff, qui nous fait visiter son petit royaume. D'abord dans les bureaux, nous voyons les plans et les projets : c'est le domaine de l'architecte, qui a fait les études de la ville et des monuments ; il nous montre un immense plan de Paris affiché dans son cabinet, en nous disant : « C'est là que j'ai cherché mon inspiration. »

Puis une promenade interminable nous permet de voir l'application de ces plans au terrain, et leur commencement d'exécution.

Les Russes ont voulu avoir, au débouché de leur chemin de fer transsibérien, un immense port de commerce, devant atteindre l'importance des ports du sud de la Chine, et produire un déplacement du commerce d'Extrême-Orient. Vladivostock ne pouvait réaliser ces espérances, à cause de sa difficulté d'accès pendant la saison des glaces ; il était donc tout indiqué de chercher un port ouvert toute l'année, dans la région du Leao-toung méridional, qui venait d'être cédée par la Chine à la Russie. Ce fut l'emplacement que nous définissons plus haut, qui fut choisi, et la ville future reçut, de l'Empereur lui-même, le nom de Dalgny, qui signifie « le plus éloigné ».

Nous avons dit que Dalgny était une création ; en

effet, port, ville, commerce, tout est à créer là où il n'y avait rien; un crédit de 18 millions de roubles, soit près de 50 millions de francs, est affecté à la réalisation de ce programme.

Un espace de huit kilomètres carrés environ a été acheté aux nombreux Chinois qui en étaient propriétaires : terrain, maisons, tombeaux, tout a été payé et le prix total a atteint un demi-million de roubles. Les anciens propriétaires sont laissés provisoirement sur leurs terrains, d'où on les chasse au fur et à mesure de l'avancement des travaux; pendant ce temps, ils paient un loyer annuel de 5 p. 100 de la somme qu'ils ont reçue : ces paiements, faits par deux versements semestriels, se sont effectués sans difficultés. Il faut dire d'ailleurs que ce chiffre de 5 p. 100 est bien minime, dans un pays où les opérations de banque se font à un taux atteignant 20 et 25 p. 100.

Sur l'emplacement ainsi acheté, s'élèvera une grande ville parfaitement étudiée, une partie européenne et une partie chinoise, complètement séparées par un jardin public.

La ville européenne, elle-même, sera partagée en plusieurs parties, par une division rationnelle, correspondant à la fois aux commodités de la ville et aux formes du terrain.

Au bord de la mer, et sur l'emplacement actuel des bureaux et des logements des ingénieurs sera la ville administrative.

Entre le jardin public et le chemin de fer un espace absolument plan se prête à une disposition rayonnante des constructions : au centre, un pavillon d'exposition monumental décorera la future, « place Nicolas »; de là partiront, en étoile, dix grandes avenues terminées par des édifices publics : églises orthodoxe, catholique, protestante, musées, théâtre, bibliothèque, écoles, etc. Cette partie sera la ville commerçante et industrielle : on y construira d'immenses maisons où s'établiront les comptoirs commerciaux, et ce sera le centre de l'activité. Au point le plus rapproché de la ville chinoise, un grand bazar desservi par un embranchement du chemin de fer, concentrera tout le trafic, et servira aux marchés entre Européens et Chinois.

Séparée de la précédente par la voie ferrée, sur un terrain légèrement en pente et tracé en larges avenues se coupant à angles droits, s'élèvera la ville bourgeoise. On y construira des maisons d'habitation où se logera tout l'élément riche de la population, complètement isolé ainsi du bruit et de l'activité des affaires.

Entre ces deux dernières fractions de la ville, le chemin de fer passe en tranchée profonde (8 mètres en certains points); un pont assurera la jonction.

Enfin, plus éloigné encore de la ville commerçante, un terrain plus mouvementé se prêtera à la construction de villas entourées de parcs et de jardins.

Les rues et avenues de la ville sont tracées, on doit construire tous les monuments publics, et une partie des maisons particulières; le terrain et les constructions existantes seront ensuite livrés aux particuliers, sans doute par une vente aux enchères.

Les ingénieurs et architectes ont pris grand soin d'éviter l'uniformité absolue, à laquelle est exposée une ville ainsi construite de toutes pièces : ils se sont attachés à varier, autant que possible, le modèle et le style des constructions. Ils ont rejeté le type des grands bâtiments-casernes : ainsi tous les logements du personnel, déjà construits, sont de petites maisons à un étage où peuvent se loger quatre petits ménages d'ouvriers.

Enfin, pour l'ensemble de la ville, on a pris toutes les mesures de confort et de salubrité : canalisation d'eau, système d'égouts allant à la mer, petites cours et jardins devant les maisons,... etc... ; on a même prévu de petites rues spéciales, passant derrière les habitations, pour le service, les débarras, la voirie, etc...

En un mot, on veut faire de Dalgny une ville modèle, réunissant toutes les commodités et réalisant les derniers progrès de la civilisation du XIXe siècle.

Le port sera immense et présentera trois grands quais : l'un pour le charbon et le pétrole, les deux autres pour le commerce ; une profondeur de vingt-huit pieds en permettra l'accès aux plus grands navires. Un arsenal sera construit avec deux bassins de radoub ; l'un d'eux, de dimensions colossales, pourra contenir deux des plus grands paquebots, ou un des plus grands cuirassés existants.

Le chemin de fer venant d'Europe aboutira à Dalgny, qui sera son débouché commercial. La voie, passant derrière les quais, permettra le transbordement immédiat entre les navires et les wagons ; enfin, l'embranchement dont nous avons parlé amènera directement au bazar de commerce, les marchandises venant soit des bateaux, soit de la ligne.

Comme complément à tout cela, une grande station électrique, située au centre de la ville, enverra partout la force et la lumière.

Tous les travaux sont commencés et poussés avec activité : une quinzaine d'ingénieurs et d'architectes dirigent un personnel de 200 Européens ; quant aux coolies chinois et coréens, ils forment sur les chantiers de véritables fourmilières, et leur nombre a varié de 10.000 à 20.000.

Tel est, dans son ensemble, le projet de la création de Dalgny; les Russes ne reculent devant aucune dépense pour en faire une ville magnifique et un port de premier ordre ; ils ne parlent de rien moins que de détrôner Changaï et peut-être Hong-kong, et d'attirer chez eux le commerce de ces deux ports.

La situation géographique de cette grande cité, lui assurera une supériorité évidente pour les échanges avec le Japon et l'Amérique, dont elle est le port le plus voisin. Le chemin de fer, la reliant à l'Europe, lui sera encore un gros appoint, si surtout, au début, on admet des tarifs très réduits, pour créer le courant commercial, quitte à les relever dans la suite. Enfin tout, dans l'organisation intérieure et politique de la ville, tendra à attirer les étrangers et le commerce ; le port sera franc de tout droit de douane, la population et la propriété seront, espère-t-on, un peu comme à Changaï, essentiellement cosmopolites et internationales. Dans ces conditions, la tête du gouvernement et de l'administration seule serait russe. Ces dispositions seraient d'ailleurs, pour Dalgny, une garantie de sécurité en cas de conflit entre les puissances européennes, qui toutes y auraient des nationaux et des intérêts ; mais, ne sont-elles pas un peu contraires à l'esprit général d'autorité, de l'administration russe?

Toutes ces espérances se réaliseront-elles ? nous ne saurions le prévoir; mais à côté d'une admiration enthousiaste pour de telles conceptions et pour une si grande activité de travail, nous devons signaler certaines critiques. Les ennemis de Dalgny prétendent que la baie Victoria ne serait pas exempte de glaces autant qu'on veut bien le dire, et que la construction

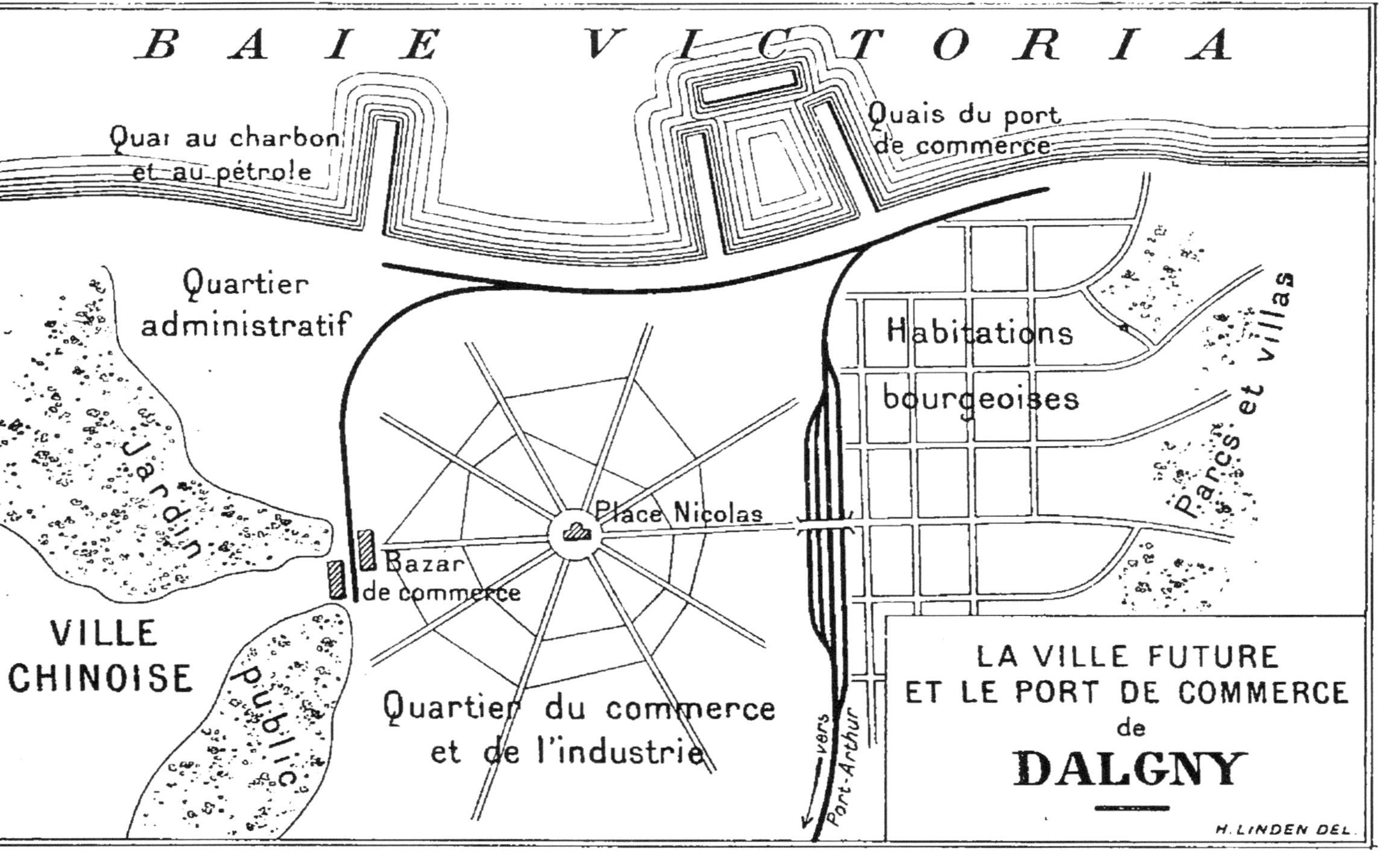
BAIE VICTORIA
Quai au charbon et au pétrole
Quais du port de commerce
Quartier administratif
Habitations bourgeoises
Parcs et villas
Jardin public
VILLE CHINOISE
Bazar de commerce
Place Nicolas
Quartier du commerce et de l'industrie
vers Port-Arthur
LA VILLE FUTURE
ET LE PORT DE COMMERCE
de
DALGNY
H. LINDEN DEL.

des quais et des jetées, abritant le port davantage, rendrait cet inconvénient plus à craindre encore. Pour eux, le véritable emplacement du grand port de commerce est sur la côte de Corée ; l'avenir nous dira qui avait raison des défenseurs enthousiastes de Dalgny ou de ses timides détracteurs.

La visite des nombreux chantiers, qui constituaient la ville et le port au moment de notre passage, est une marche de dix à douze kilomètres, qui occupe bien une après-midi ; aussi ne rentrons-nous chez M. Sakaroff qu'à l'heure du dîner, quelque peu fatigués, mais émerveillés de tout ce que nous avons vu. Ajoutons même qu'après le repas, la conversation se transforma en une véritable conférence de l'ingénieur en chef, sur son œuvre et ses espérances.

Le lendemain matin, la chaloupe nous ramenait à Port-Arthur ; en quittant la future capitale, signalons-y la présence d'un compatriote. C'est un maître d'hôtel français, jadis en service sur un cuirassé russe, et qui attend l'achèvement d'un grand hôtel en construction, dont la direction lui a été promise. C'est donc par la cuisine française que nous ferons notre première apparition dans la ville nouvelle ; souhaitons de ne pas en rester là, et de voir s'y implanter un peu de notre commerce national.

Nous avons d'ailleurs quelques éléments dans la région ; l'un des fondateurs des magasins français de Vladivostock, M. Chaffanjeon, que nous rencontrâmes à Port-Arthur, s'occupe d'y organiser une maison de commerce, et déjà il pense à Dalgny.

Nous ne pouvons que désirer de voir son exemple suivi par beaucoup de nos jeunes compatriotes.

Rentrés à Port-Arthur, nous songeons à terminer notre séjour, car toutes choses, même les plus intéressantes, ont une fin : un voyage encore long nous attend et nous devons nous hâter ; l'administration du chemin de fer organise notre départ pour le lundi 26 mars. Nous devons faire 500 kilomètres, au hasard des trains de pose, pour atteindre le terminus du tronçon sud de la ligne, actuellement près de Thie-ling.

Nous allons retrouver le pays chinois, car Port-Arthur est devenu presque exclusivement pays russe ; la ville chinoise, bien réduite, disparaît au milieu des constructions européennes, et l'on rencontre une population, parmi laquelle l'élément indigène n'est que très faiblement représenté. Il n'est pas douteux, en effet, que l'occupation du territoire se soit traduite par une véritable émigration des anciens occupants ; ceux-ci sont remontés vers le nord en grand nombre, et ce mouvement de population devint même inquiétant pour les autorités chinoises. Le gouvernement de Pékin dut concéder à ces familles dans la région montagneuse située entre Moukden et Girin, une partie du terrain des chasses impériales, pour le défricher et y installer des villages et des cultures.

Ne faut-il pas voir dans ces émigrants, un appoint sérieux pour les nombreuses bandes révoltées qui ont pris part au soulèvement de 1900, et qui, encore en ce moment, désolent toute la Mandchourie ? L'hypothèse est tout au moins vraisemblable.

V

Départ de Port-Arthur. — Disparition de notre interprète. — De Port-Arthur à Oua-fang-tien. — Transport des Chinois en chemin de fer. — De Ta-che-tsiao à Leao-yang — Kou-che-kia-tze. — Le crochet de la voie autour de Moukden.
En route pour Moukden; voyage en charrette. — La ville. — Les tombeaux impériaux. — La mission, les massacres.

Notre départ de Port-Arthur, comme notre arrivée dans cette ville, fut marqué par un incident de voyage : au moment de nous mettre en route, notre interprète a disparu; impossible de le découvrir. Sans doute, notre séjour lui a fourni une occasion de faire valoir sa connaissance de la langue française et ses talents culinaires; il a dû trouver dans quelque maison russe, une place de tout repos, qui lui paraît préférable aux aventures d'un long voyage.

Cette disparition nous donne quelque peu à réfléchir avant de nous embarquer en plein pays mandchou; mais nous nous fions à notre bonne étoile et aux quelques connaissances de la langue chinoise, que le capitaine de Lacoste a rapportées de son séjour au Yun-nan, et nous nous mettons en route le 26 mars.

Accompagnés à la gare par le capitaine Soltan, aimable jusqu'au dernier moment, nous retrouvons notre wagon attelé à un train emportant des rails, des briques, du matériel de toute espèce, et de nombreux coolies chinois; à huit heures et demie du matin, nous quittions la gare de Port-Arthur.

Notre première journée nous amène à la station de Oua-fang-tien, dont nous avons déjà parlé; nous parcourons donc de jour, cette partie de la ligne, où nous étions passés de nuit, à notre arrivée.

Le paysage est très varié, car nous sommes dans l'extrême pointe rocheuse de la presqu'île découpée par les eaux ; la voie s'élève dans des tranchées hardies ou des coupures naturelles, et par endroits, redescend brusquement à la mer, dont la vue repose un peu de ce terrain aride et rocheux. Nous arrivons vers midi à la station de Ta-fang-chien, située sur une petite plage; de là part l'embranchement qui dessert Ta-lien-van et Dalgny et qui deviendra sans doute le tronçon principal ; jusqu'ici, depuis Port-Arthur, tous les terrassements et ouvrages d'art ont été préparés pour une double voie. On a donc prévu pour cette partie de la ligne un trafic plus considérable que pour les autres, sur lesquelles on ne rencontre rien de semblable.

Nous nous arrêtons près de la ville de Kin-tchéou, cette enclave chinoise dont nous avons parlé ; nous apercevons, sur notre gauche, son enceinte de murailles, tandis qu'à notre droite le paysage est dominé par les hauteurs du mont Sampson, qui atteignent 675 mètres, et sont le point culminant du Leao-toung.

La voie continue à se déployer dans des gorges montagneuses, le long de la route de Nioutchouang à Port Arthur ; nous ne sommes ici que sur une ligne provisoire, et nous apercevons, tantôt à droite, tantôt à gauche, une armée de coolies travaillant aux terrassements, sur le tracé définitif. Les tranchées atteignent ici 12 à 15 mètres de profondeur, et par endroits même, la voie semble devoir passer en tunnel; aussi le tracé provisoire se déroule en suivant parfois des rampes très accentuées, et même des montées en lacets.

Arrêtés à l'entrée de l'un de ces passages, nous avons une vue très originale au croisement d'un train ; nous apercevons d'abord une locomotive tout près de nous, sur la hauteur, et se détachant sur le ciel ; ce n'est qu'après un long détour à flanc de coteau, qu'elle arrive au point de croisement où nous stationnons.

Dans la soirée, nous traversons une région très différente : c'est une vaste lagune, où travaillent des pompes d'épuisement; nous sommes près de Port-Adam, et c'est le prolongement de la grande baie de ce nom qui constitue ces bas-fonds ; puis, peu après, nous arrivons à Oua-fang-tien, où nous passons la nuit.

Jusqu'à Nioutchouang, nous parcourons un pays déjà vu, mais l'aspect en a complètement changé en quelques jours ; les rivières sont dégelées, les arbres, — combien rares hélas ! — semblent déjà se marquer d'une pointe de vert, et, dans les champs, de nombreux Chinois commencent les premiers travaux de l'année. On sent que la vie revient avec le dégel, dans ce pays mort pendant un long et dur hiver.

Nous marchons toujours à l'allure du train de service, avec des arrêts absolument irréguliers : dix minutes ici, une heure là, suivant les nécessités des travaux et l'état de la voie ; peut-être aussi, un peu suivant le bon vouloir des braves employés russes qui nous conduisent. Ils sont au nombre de six ou sept : mécanicien et chauffeur d'abord, puis des sortes de surveillants, allant d'un bout à l'autre du train, manœuvrant les freins, organisant le chargement ou le déchargement dans les stations,... etc... ; ils font aussi la police de la population chinoise qui se fait voiturer dans le train ; ils la font de grand cœur et pas de main morte, ne négligeant même pas à l'occasion, l'emploi des arguments... frappants. Ce transport des Chinois en chemin de fer n'est pas limité au personnel indigène de la compagnie ; l'administration, désireuse de s'attirer les sympathies des populations, transporte gratis les Célestes en voyage. Mais, nous avons eu, de la part des ingénieurs eux-mêmes, les échos de bien des abus, commis par ce personnel de petits employés, faisant souvent payer plus que le prix de sa place au bon Chinois qui voyage... gratuitement ; en dépit des interventions sévères de l'autorité, qui a sévi rigoureusement contre quelques-uns de ces peu scrupuleux convoyeurs, ce squeeze continue et continuera tant que la ligne ne sera pas en exploitation régulière.

Il faut reconnaître que, malgré cela, les habitants de la région profitent en grand nombre de la facilité qui leur a été accordée, et que cette mesure produit le meilleur effet; elle détruit le préjugé qui fait du chemin de fer un épouvantail, invention redoutable et funeste des diables d'occident.

Dans notre train voyage aussi, comme dans tout convoi, une petite escorte militaire ; la vue des sabres et des baïonnettes n'est, sans doute, pas étrangère au respect des Chinois pour l'autorité russe.

Arrivés à Nioutchouang dans la nuit, nous en repartons le lendemain matin ; nous voyons de nouveau la bifurcation de Ta-che-tșiao, mais cette fois, nous prenons la ligne du nord vers Moukden. La voie longe une chaîne de collines, au pied desquelles s'étendent vers l'ouest, des plaines immenses, magnifiquement irriguées et cultivées ; la végétation devient un peu plus visible, les arbres plus nombreux, et le pays paraît être une riche région agricole.

Après le passage d'une rivière, sur un pont trè

provisoire de 300 mètres environ, on arrive à la ville de Haï-tcheng; puis on s'engage dans un défilé montagneux où la voie, serpentant à flanc de coteau, a été posée d'une façon un peu sommaire. Courbes très brusques, dénivellations très marquées des rails, tout fait de ce passage un point difficile, où le train ne s'engage qu'avec une sage lenteur; malgré cela, ce

Un train de pose sur la voie ferrée, près de Moukden.

sont des à-coups sans nombre, et notre wagon tangue comme sur de véritables montagnes... russes; c'est d'ailleurs tout à fait l'aspect que présente cette partie de la voie regardée dans sa longueur.

Nous retrouvons ensuite l'immense plaine grise, avec toujours ses nombreux villages et ses innombrables tombeaux; nous traversons plusieurs rivières et nous essuyons coup sur coup deux accidents de chemin de fer, sans la moindre gravité d'ailleurs, empressons-nous de le dire. C'est d'abord un wagon qui prend feu, par suite de l'échauffement d'un essieu : cela nous occasionne un long arrêt, pendant lequel Russes et Chinois s'agitent à grand bruit pour réparer le désordre.

Ensuite, c'est un attelage qui se rompt entre deux voitures ; la machine continue sa marche, nous laissant en panne avec toute la queue du train ; encore beaucoup de cris, d'agitation et de temps perdu, mais tout finit par être remis en place. La locomotive revient en arrière, et le train est reformé au moyen d'un attelage de circonstance ; on utilise pour cela, des chaînes, des cordes, et même des ceintures de nombreux voyageurs chinois.

Ce sont là, dira-t-on, de bien petites choses, mais cela peut donner une idée, au point de vue de l'avancement des travaux, pour la voie, le matériel et l'exploitation, de ce qu'il faut entendre quand les Russes disent : « La voie est posée, le train peut passer. »

Après ces petits incidents, qui apportent un peu de diversité dans le parcours, nous arrivons à Leao-yang. C'est une grande ville murée, située à l'est et tout près de la ligne ; au bord même de la voie, se dresse une de ces grandes tours monumentales, que l'on voit souvent en avant des portes des villes chinoises, élevées à la mémoire des ancêtres, ou en souvenir de quelque fait important ou de quelque illustre personnage.

La station paraît considérable, on y aperçoit un gros rassemblement de matériel, et de nombreuses constructions : remise pour locomotives, ateliers, logements, etc..., sans oublier la baraque des cosaques de garde, que l'on voit dans tous les postes ; notre arrivée un peu tardive nous empêche de visiter en détail, cette importante installation.

Nous quittons Leao-yang le 29 mars au matin, nous sommes en route pour Moukden, où nous devons nous arrêter quelques jours ; le train marche toujours à sa petite allure, nécessitée d'ailleurs par l'état précaire de la voie.

Le Taï-tse-ho et le Sou-tse-ho, deux grands affluents du Leao-ho, sont traversés sur de grands ponts de 300 à 400 mètres de longueur, construits sur des chevalets en bois; ils sont placés au droit de la voie définitive, et semblent devoir durer. De nombreux cours d'eau moins importants sont au contraire passés sur des ponts de circonstance, établis sur une voie provisoire, dérivée à côté du tracé définitif.

Ces cours d'eau arrosent l'immense plaine des environs de Moukden. Le chemin de fer n'arrive pas jusqu'à cette capitale, car le voisinage de ce bruyant étranger eût été une profanation pour les tombeaux impériaux de la dynastie mandchoue, situés auprès de la ville; la ligne générale du tracé, suivant de près la grande route de Mandchourie, a été déviée, et la voie décrit, autour de la cité, un vaste demi-cercle ayant une vingtaine de kilomètres de rayon. Cette disposition, que les Russes ont dû adopter pour obtempérer aux demandes du gouvernement chinois, leur permettra, dans un avenir plus ou moins éloigné, de remplacer cette courbe par son diamètre ; ils supprimeront ainsi un long détour, et passeront carrément aux portes de la ville.

Auprès d'un petit village appelé Kou-che-kia-tze, une station très sommaire dessert Moukden; nous y arrivons vers une heure après-midi, et notre wagon est détaché du train : il doit rester là pendant notre séjour, et nous servir ensuite à continuer notre route jusqu'à Thie-ling.

Nous nous mettons en quête de moyens de transport pour gagner la ville, car nous en sommes à 45 lis (23 kilomètres environ); nous trouvons à louer, dans le village voisin, deux charrettes découvertes, sur lesquelles nous nous hissons avec une partie de nos bagages, et vers deux heureset demie nous sommes en route. Nos attelages sont très pittoresques : un petit cheval dans les brancards et deux ânes en flèche ; tout cela obéit parfaitement au conducteur, qui, assis sur le bord de la voiture, dirige ses animaux sans guides : il leur parle constamment, et fait tournoyer sur sa tête un immense fouet, qui n'est pas un instant en repos.

Juchés sur un des chariots, nous filons au bon petit trot de ces curieux animaux ; nous rejoignons bientôt la route de Sin-min-toun à Moukden, et nous partons droit au sud-est, vers la ville ; la route est large et belle, par endroits même bordée de grands arbres, mais on y enfonce dans le sable et les ornières. On y rencontre quantité de chariots pareils aux nôtres, transportant des familles entières, et aussi de véritables caravanes de piétons chinois. Nous traversons plusieurs grands villages pleins d'animation, et nous apercevons ces vastes auberges de grandes routes, avec lesquelles nous ferons, dans la suite, plus ample connaissance.

Une tour, élevée au bord de la route, nous indique l'approche de la ville, dont bientôt nous apercevons les portes et les monuments. Nous traversons un parc, ombragé de beaux arbres, où s'élèvent de magnifiques arcs de triomphe aux riches sculptures, et quantité de petits édifices décoratifs, à l'aspect de pagodes ou de palais ; c'est une espèce de panthéon des vieilles familles mandchoues, où sont enterrés les personnages célèbres par leur naissance ou leurs vertus.

En pénétrant dans les faubourgs, on retrouve l'odeur repoussante caractéristique des agglomérations chinoises ; le sable de la route est remplacé par une boue liquide et noirâtre dans laquelle les charrettes enfoncent jusqu'aux essieux.

Nous contournons toute une partie des murs de la ville, pour nous rendre à la mission ; toujours hissés sur notre véhicule, nous sommes couverts d'une couche de poussière, qui nous rend méconnaissables, et notre entrée au milieu des populations n'a vraiment rien d'imposant. Nous sommes suivis par une foule de curieux, de mendiants et de loqueteux, marchant le long de nos voitures, et se bousculant derrière

Les deux premières victimes des massacres de 1900 en Chine
Mgr Guillon, évêque de Moukden, et le R. P. Emonet.

nous. Nous apprîmes plus tard, que notre mode de locomotion avait dû contribuer puissamment à exciter autour de nous la curiosité; la charrette découverte, en effet, qui dans la campagne n'est employée que par les très pauvres gens, sert dans la ville à transporter les prisonniers et les condamnés.

C'est dans cet équipage, manquant totalement de majesté, et qui dut sérieusement nous faire « perdre la face » auprès de tous les naturels, que nous arrivâmes à la résidence des missionnaires. Nous y étions annoncés et attendus avec impatience, et c'est à bras ouverts que nous fûmes reçus par Monseigneur Guillon, évêque de Moukden, et le R. P. Emonet; comme nous le verrons, ils furent, quelques mois après, les premières victimes des massacres, qui ensanglantèrent tout le nord de la Chine.

Un dîner copieux et surtout la gaîté de tous, nous changèrent un peu de la vie miséreuse que nous menions dans notre wagon, depuis quatre jours; aussi est-ce après une longue veillée, que nous nous retirions dans une chambre chaude et confortable, mise à notre disposition; nous oubliâmes sans regret les compartiments et les banquettes de notre voiture.

Pendant deux jours, nous recevons l'hospitalité de Monseigneur et du bon Père, qui sont aux petits soins pour nous, et nous font visiter les curiosités de la ville.

Moukden est le nom mandchou de la grande cité que les Chinois appellent Chen-yang; c'est la capitale de la province de Tcheng-king ou Feng-tien, ou Mandchourie méridionale. C'est un centre administratif important, résidence d'un vice-roi; mais c'est aussi le berceau de la dynastie actuelle des empereurs, et cela est la raison d'être d'un certain nombre de privilèges: la ville et la province jouissent d'une autonomie relative, que l'on ne rencontre pas dans les autres parties de la Chine.

Moukden possède, en effet, six grands conseils, correspondants aux six grandes cours de l'empire, qui siègent à Pékin pour toutes les autres provinces; cela confère au gouverneur, sinon une indépendance et une suprématie effectives, du moins une sorte de dignité spéciale, que n'ont pas les autres vices-rois,

Cette faveur s'étend aussi aux représentants des vieilles familles mandchoues : l'accès au mandarinat, en particulier au mandarinat militaire, leur est singulièrement facilité ; beaucoup deviennent mandarins sans même avoir été lettrés, et sans avoir subi les examens longs et fastidieux, imposés à tout Chinois, qui aspire à une fonction officielle et honorifique. C'est là l'origine de ce que l'on a appelé les maréchaux tartares, dont beaucoup sont parvenus aux plus hautes dignités de l'Empire Chinois.

La ville elle-même a d'ailleurs tout à fait un aspect de capitale, et n'a rien de la monotonie des autres cités chinoises, qui toutes se ressemblent.

L'enceinte est petite, elle n'a qu'un kilomètre de côté environ ; mais c'est une miniature des murs de Pékin. C'est un carré dont les côtés font face aux quatre points cardinaux, suivant la coutume invariable de toutes les villes et de toutes les constructions du pays ; on y pénètre par des portes monumentales, précédées de sortes de demi-lunes, qui interdisent l'accès direct dans l'intérieur ; cela forme de petites places où l'on entre par les côtés, avant d'atteindre la porte principale. Toutes ces ouvertures sont surmontées de l'édicule classique, à plusieurs étages, au toit retroussé dans les angles et aux nombreuses fenêtres, destiné à loger des défenseurs ; ces superstructures sont réduites, depuis longtemps, au rôle de simple décoration.

Tout cela a du cachet, mais est en bien mauvais état ; les briques se détachent des murailles, les couronnements des portes sont plus ou moins démolis, et menacent la sécurité des passants.

A l'intérieur, coupant la ville d'une porte à l'autre, des rues larges et belles, chose rare au pays jaune, donnent à Moukden un nouveau point de ressemblance avec Pékin. Mais, si larges qu'elles soient, ces avenues n'en sont pas moins aussi sales que dans la plus petite bourgade ; ce sont de véritables cloaques, défoncés par les voitures, qui tombent d'ornière en ornière dans une boue infecte et nauséabonde. Il serait impossible d'y circuler à pied ; les Chinois piétons suivent en file indienne ininterrompue, un sentier à peu près sec, qui rase les murs des habitations de chaque côté de la rue. Toute une population de chiens et de porcs fait la chasse aux immondices, assurant ainsi, par instinct, le service de la voirie.

Autour des murs d'enceinte, la ville se prolonge par de vastes faubourgs, abritant la majeure partie de la population ; là encore, l'animation des boutiques et la circulation très active des centres commerciaux, donnent leur note intéressante ; Moukden est, en effet, un très gros marché de grains et de fourrures.

Mais ce qui fait de la cité une capitale originale et presque coquette, c'est la quantité et la diversité de ses monuments : c'est son palais impérial couvert en tuiles jaunes (1), ce sont ses nombreux yamens de mandarins, dont quelques-uns aux toitures vertes tranchent sur le reste des constructions grises ; ce sont aussi ses pagodes d'une ornementation aussi riche que variée, ses arcs de triomphe, etc.

Dans les faubourgs, aux quatre coins de la ville, des lamaseries, où se pratique le culte des lamas thibétains, élèvent vers le ciel des sortes de clochers

(1) Le jaune est la couleur impériale : on la retrouve sur tous les objets au service de l'empereur, en particulier sur les voitures, les chaises à porteur et les toitures des bâtiments à son usage.

La couleur verte employée de la même façon, est le privilège des princes et des mandarins de haut rang.

4.

qui se voient de très loin; leur forme originale, rappelant vaguement celle d'une bouteille, fait un heureux contraste avec le style purement chinois des autres édifices. Enfin, sur toutes les routes, à leur approche des habitations, de grandes tours complètent cette série de monuments vraiment curieux.

On voit donc que le berceau de la race conquérante des Tartares-Mandchoux a été et est encore une ville intéressante au plus haut point; c'est aussi pour les Chinois une cité sainte, car elle possède les tombeaux des premiers empereurs de la dynastie régnante.

Ces monuments sont au nombre de trois; ils sont situés au nord et à l'est de la ville, le plus éloigné à 15 kilomètres, le plus rapproché à 8 kilomètres environ. Nous faisons une excursion très intéressante pour visiter ce dernier; c'est le tombeau de Soun-dje, le premier des empereurs mandchoux, qui régna vers la fin du XVIe siècle.

Guidés par le Père Emonet, nous partons en charrette, mais, cette fois, dans les voitures fermées dont se servent les Chinois pour voyager. Le voyageur étant à peu près complètement caché aux vues du public, nous pouvons traverser la ville sans exciter la curiosité des populations. Ce mode de locomotion manque un peu de confortable, car les carrossiers chinois ignorent totalement l'usage des ressorts; il faut dire, d'ailleurs, que des voitures suspendues seraient souvent inutilisables, dans les mauvais terrains, et sur les routes défoncées, où doivent circuler les charrettes.

Deux longs brancards posés sur un essieu et deux roues robustes constituent le corps du véhicule; sur ce cadre, un plancher forme la plateforme, et au-dessus s'élève une sorte de cage à claire-voie, arrondie à la partie supérieure, et complètement recouverte d'étoffe. A l'intérieur, le voyageur a juste la place de s'accroupir, prenant ainsi une position d'autant moins commode, qu'à chacun des nombreux cahots il est violemment projeté contre les parois de la voiture.

Ces charrettes, dont on trouve dans les villes de véritables stations, tout comme celles des fiacres à Paris, sont traînées par des mulets du pays; ils sont très solides, et quelques-uns atteignent la taille de nos mulets de France; le cocher est assis, les jambes pendantes sur l'avant de la voiture, tandis qu'à l'arrière les prolongements des brancards sont disposés pour transporter quelques bagages.

On voit de ces équipages richement aménagés, capitonnés et garnis de fourrures à l'intérieur; l'étoffe extérieure est généralement noire ou bleue, mais elle est verte pour les grands mandarins, jaune pour l'empereur, et blanche pour les Chinois en deuil; enfin les jours de pluie, ils sont recouverts d'une enveloppe jaune en forte toile cirée, qui les rend imperméables.

Installés dans des voitures de ce modèle, et précédés du cocher de l'évêché, monté sur un petit cheval chinois, ce qui est une grande marque de décorum, nous quittons la mission pour nous diriger vers le nord de la ville. Après une heure et demie de marche nous arrivons à un bois très fourré de pins de Mandchourie, qui entoure le tombeau.

Une grande avenue dallée, bordée de stèles couvertes d'inscriptions, conduit à la porte principale qui fait face au sud, c'est-à-dire vers la ville; cette chaussée passe sur un beau pont en pierre sculptée; c'est le pont symbolique, que doit traverser le défunt pour quitter le monde et gagner sa dernière demeure.

Un arc de triomphe, gardé par des lions de pierre, précède la porte; celle-ci est monumentale : trois ouvertures sont fermées par des vantaux de bois laqué rouge, garnis de ferrures en bronze doré; tout l'encadrement est décoré de dragons sculptés du plus bel effet; enfin, le tout est surmonté d'un chapiteau en briques et tuiles vernissées très riche comme architecture et comme coloration.

Un mur en briques, surmonté lui aussi de tuiles jaunes et vertes et de motifs de décoration en céramique, forme une vaste enceinte carrée qui enferme le tombeau; outre la grande porte du sud, on trouve à l'est et à l'ouest, deux autres entrées, belles pièces d'architecture, quoique moins riches que la précédente.

Il tombe une pluie battante, aussi les gardiens, en bons Chinois, se sont terrés dans leurs habitations; cela nous permet de pénétrer et de nous promener tout à notre aise, dans ce sanctuaire, rigoureusement interdit aux Chinois eux-mêmes. Un grand parc, planté d'énormes pins, est coupé par deux grandes avenues en croix, aboutissant aux trois portes; l'avenue centrale, partant de la porte sud, est bordée de monstres et d'animaux en pierre de dimensions colossales : chevaux, éléphants, chameaux... etc... Au centre, un petit pavillon abrite une immense tortue de pierre, portant sur son dos une stèle à inscriptions; immédiatement derrière, une pagode d'une grande richesse masque le tombeau proprement dit, situé plus en arrière encore.

Les bâtiments, couverts de tuiles jaunes, sont d'une architecture très fouillée, et richement décorés; par contre, la tombe est d'une simplicité touchante : c'est le classique tumulus en terre que l'on voit dans tous les cimetières chinois; comme seule particularité, il est légèrement surélevé, sur un socle en pierre, et surmonté d'un pin planté à son sommet.

Tout cet ensemble est élevé sur une colline artificielle, dont les terres ont été prises aux alentours, aussi la région avoisinante est-elle basse et marécageuse. L'intérieur de l'enceinte est soigneusement entretenu; le parc lui-même est minutieusement nettoyé et ratissé; cela fait un contraste frappant avec le mur environnant et l'avenue extérieure qui portent de nombreuses traces de vétusté et de dégradations.

Signalons enfin, de part et d'autre de l'entrée principale, deux bâtiments annexes construits dans le style du reste de l'édifice; l'un sert actuellement de logement au nombreux personnel de garde; l'autre est un petit palais miniature, d'un grand luxe, qui servait de pied-à-terre et de lieu de repos à l'empereur lorsqu'il venait présider des cérémonies, et sacrifier aux mânes de ses ancêtres. Mais, depuis plusieurs années, le souverain actuel a dû renoncer à ces pélerinages au berceau de la dynastie: il délègue annuellement un grand dignitaire, généralement le vice-roi de Moukden, pour l'exécution de ces rites; cela donne lieu à des cérémonies imposantes, qui amènent un grand mouvement de population dans toute la région.

Nous ne pouvons parler de Moukden, sans dire quelques mots de la mission catholique française de Mandchourie; organisée par Monseigneur Verroles, qui fut son premier évêque, ce n'est que depuis quelques années qu'elle fut divisée, à la demande de Monseigneur Guillon, en deux vicariats apostoliques; ce dernier conserva celui du sud et resta à Moukden, celui du nord eut son centre à Girin et fut confié à Monseigneur Lalouyer.

Les Pères avaient à Moukden, au sud de la ville, une assez jolie résidence: deux petits pavillons servaient d'habitation à Monseigneur, au Père Emonet, et à leurs visiteurs de passage : c'est là que nous reçûmes l'hospitalité.

Entre ces deux bâtiments, s'élevait une petite église flanquée de deux tours, du sommet desquelles on découvrait toute la ville ; du haut de ces clochers, nous pûmes voir, sur une place publique, un rassemblement de Chinois, se livrant à toutes sortes d'exercices d'assouplissement ; l'ensemble ressemblait fort à une de nos sociétés de gymnastique. C'était un groupe de boxers, et le Père qui nous les montrait ne prévoyait pas alors, que trois mois après il serait massacré par eux, sur cet emplacement même.

Nous fûmes agréablement surpris et touchés en pénétrant dans la nef, coquettement décorée, de voir, étalés contre le mur de fond, deux immenses drapeaux tricolores ; ces insignes avaient servi jadis, à une réception solennelle de notre Consul Général, et c'est par un sentiment vraiment bien français, que les Pères les avaient ainsi conservés et affichés.

Autour de ces bâtiments, se groupaient de petites constructions dépendant de la mission : d'abord un séminaire, où sept ou huit Chinois de vingt-cinq à trente ans se préparaient à la prêtrise, puis l'établissement des sœurs, où deux braves religieuses françaises dirigeaient un orphelinat et un dispensaire qui leur attirait pas mal de Chinois infirmes et malades.

De tous ces établissements il ne reste rien, la tourmente chinoise a tout englouti. Déjà, en mars 1900, les Pères commençaient à avoir des craintes : la secte des boxers, qui se ramifiait jusqu'en Mandchourie, faisait de grands progrès, et se renforçait des mécontents, qu'avait suscités l'occupation par les Russes du sud de la province. Les affiliés de cette société s'appe-

La sortie de la messe à l'église de Moukden.

laient les « tsaï-li » ou jeuneurs ; ils avaient des règles de conduite très sévères, ne fumant pas, ne buvant jamais d'alcool, et s'abstenant de certains aliments, ce qui leur avait fait donner leur nom. Mais ils n'étaient en réalité, qu'une des nombreuses bandes de boxers, qui prêchaient partout la haine et le massacre des étrangers.

Les Russes étaient faiblement représentés à Moukden : ils n'avaient là qu'un docteur, habitant avec quelques soldats, au centre même de la cité, et cherchant par quelques cures heureuses, à gagner les habitants à la cause russe. Ces quelques personnes étaient avec les missionnaires et les religieuses les seuls Européens résidant dans la ville.

Le soulèvement chinois, amena on peut le dire, la ruine de la mission de Mandchourie.

Le 30 juin 1900, le signal du massacre fut donné à Moukden ; des bandes nombreuses de tsaï-li allèrent se ruer sur la chrétienté; Monseigneur Guillon, le R. P. Emonet, les deux religieuses, un prêtre chinois et de nombreux chrétiens s'y étaient enfermés dès les premiers bruits de cette attaque. Ils résistèrent pendant deux jours entiers, tenant tête à ces bandits; le 2 juillet, les troupes régulières arrivèrent, firent cause commune avec les assiégeants et canonnèrent l'église et l'évêché.

Devant cette intervention de l'autorité, l'évêque fit cesser la résistance, et se retira dans l'église avec tous ses fidèles compagnons; alors, tous les bâtiments furent incendiés, et prêtres, religieuses et chrétiens périrent dans les flammes; ceux qui tentaient de s'échapper étaient aussitôt massacrés.

Des scènes analogues se passaient dans toute la province, toutes les chrétientés furent brûlées ou détruites; les Pères traqués de toutes parts s'enfuirent: quelques-uns furent tués, d'autres purent se réfugier dans les postes russes du nord, ou gagner la Corée, puis le Japon.

La mission était donc ruinée de fond en comble, et réduite aux seuls établissements de Nioutchouang qui avaient pu être préservés. Aussi les missionnaires poussent-ils un grand cri de désespérance devant cet anéantissement de tous leurs travaux, et surtout devant la perspective d'une impossibilité absolue de relever les ruines de leurs chrétientés.

VI

De Moukden à Thie-ling. — La vie en wagon. — Arrivée à Thie-ling. — La voie provisoire. — La mission. — La colonie russe. — Voyage à Kao-chan-toun. — Une mine d'or. — Mœurs de paysans mandchoux. — Les bacs sur les rivières. Recherche et location de charrettes. — Un nouveau domestique chinois.

Le dimanche 1er avril, nous faisons nos adieux à Monseigneur Guillon et au R. P. Emonet, et nous reprenons le chemin de la station de Kou-che-kia-tze, où nous attend notre wagon. Ayant envoyé nos passeports au yamen, pour les faire présenter au vice-roi, celui-ci nous avait renvoyé sa carte et s'était enquis du jour de notre départ ; ceci nous expliqua la présence de deux soldats chinois, qui nous escortèrent, à cheval, pendant la traversée de la ville et une partie du trajet.

La pluie de la veille a changé l'aspect de la route : ce n'est plus la poussière si désagréable, qui nous avait tant incommodés à notre arrivée, mais une boue épaisse, dans laquelle les voitures roulent difficilement, et qui nous retarde beaucoup ; nous arrivons vers deux heures à la station, où nous apprenons que le train vient de partir. Heureusement, un autre train de matériel doit passer le lendemain, et il pourra nous emmener.

Notre wagon est toujours là, et nous y reprenons notre installation bien précaire des jours précédents ;

en dépit de son air décoratif et de son capitonnage en beau velours frappé, ce véhicule est en effet pour nous un mauvais souvenir de voyage. Il est muni d'un superbe appareil de chauffage à la vapeur, mais que des avaries rendent inutilisable ; pour braver le froid assez vif et le vent qui fait rage, nous ne disposons que d'un méchant poêle à pétrole, qui enfume et noircit tout le wagon ; aussi devons-nous passer les journées drapés dans nos couvertures, et les nuits enfouis jusqu'aux yeux dans les sacs en peau de mouton, qui constituent notre matériel de couchage.

De plus, nous avons perdu A-Min, notre cuisinier, et le problème de l'alimentation est assez difficile à résoudre ; nous n'avons à notre disposition qu'un petit Chinois d'une douzaine d'années qui est, à poste fixe, le boy du wagon : il parle, dit-on, assez bien le russe, mais ne sait pas un mot de français ; il est heureusement intelligent et actif et il nous rend pas mal de services. C'est lui qui, le long de la voie, arrive à nous acheter quelques œufs durs, et quelques-unes de ces poires chinoises que l'on trouve en toutes saisons ; c'est lui aussi qui, dans les stations, nous rapporte une misérable bouilloire d'eau chaude, avec laquelle nous pouvons préparer du thé, un peu de chocolat, de lait ou de potage condensés. Ce sont là nos seuls aliments chauds, et, par le froid et le vent, ils sont les bienvenus à côté de notre pain, combien sec, de nos œufs durs et de nos conserves de bœuf.

Il y a loin de l'existence que nous menions, au luxe d'un sleeping-car et d'un wagon-restaurant ; mais l'intérêt du voyage et la bonne humeur font oublier tous ces petits côtés de l'existence.

Après une longue journée d'attente, nous quittons la station le 2 avril à midi ; nous voyageons sur une voie plus sommaire encore que les jours précédents. Les ruisseaux et cours d'eau peu importants sont passés sur de simples échafaudages de traverses et de rails, et, à de nombreux endroits de la plaine, on a simplement posé les traverses sur les champs labourés, sans même en avoir aplani les sillons. Aussi beaucoup, placées en porte-à-faux, ont été cassées par le poids de la première locomotive ; d'autres s'enfoncent dans le sol, que le dégel à ramolli.

Vers deux heures et demie, nous sommes littéralement en panne ; nous rejoignons là, le train que nous devions prendre la veille, et qui est arrêté par le mauvais état de la voie en avant.

Ce n'est que le lendemain matin que nous nous remettons en route ; mais, après une heure et demie d'une marche lente et coupée de nombreux arrêts, il devient impossible au train d'aller plus loin.

Nous sommes près de Thie-ling, dont on commence à apercevoir l'enceinte et les portes, et nous sommes aussi tout près du point terminus de la voie posée.

L'arrêt forcé du train a été signalé, et des moyens de transport nous sont bientôt envoyés, pour achever notre parcours ; nous nous installons sur un petit wagonnet minuscule, pendant que nos bagages sont empilés sur un autre, qui nous suit : ces véhicules poussés par quatre coolies chinois, nous amènent à l'extrémité du chantier de pose.

Ici, la ligne est dans un véritable marécage produit par le dégel, et, rails et traverses enfoncent sous notre poids.

Deux cosaques nous attendent avec des chevaux et une charrette chinoise ; mais bientôt, nous devons renoncer à la voiture qui s'embourbe et ne peut être dégagée; nous montons à cheval, et, après avoir longtemps pataugé, nous arrivons à la ville. Le R. P. Lamasse nous reçoit et nous fait les honneurs de la mission. Nos bagages, que l'on a réussi enfin à tirer du marais, ont été conduits à la colonie russe, d'où ils ne nous reviennent que dans la soirée, accompagnés d'ailleurs d'une invitation à dîner de l'ingénieur résidant à Thie-ling.

Nous avons ainsi parcouru, depuis Port-Arthur, 500 verstes, c'est-à-dire tout le tronçon sud du chemin de fer déjà construit; à partir de Thie-ling nous trouvons une interruption de 315 verstes environ, que nous devrons franchir en voiture, pour atteindre la tête de pose du tronçon nord, auprès de la Soungari. Nous devons dire tout de suite quelques mots d'explication, au sujet du mauvais état de la ligne, que nous avons signalé en maints endroits, et qui peut paraître étonnant sur une voie absolument neuve.

La préoccupation première, qui a présidé et qui préside encore à tous les travaux du chemin de fer, est celle de la rapidité d'exécution; il ne s'agit pas, pour les Russes, de construire immédiatement une voie ferrée finie et durable, mais de relier, dans le plus bref délai, la Russie d'Europe à l'Extrême-Orient; le but le plus urgent est de pouvoir, à la première alerte, jeter en quelques jours, dans le nord de la Chine, des forces nombreuses et imposantes, marquant bien la suprématie de la Russie et la solidité de son influence.

Au cours de notre voyage, on nous a signalé plusieurs fois des télégrammes de Pétersbourg venant pousser encore à l'activité; l'un d'eux, en particulier, exigeait que l'empereur fût tenu au courant, par des rapports télégraphiques bi-mensuels, de l'état d'avancement des travaux. Ceci montre bien avec quel intérêt on suit à la Cour de Russie les progrès du chemin de fer mandchourien.

Sacrifiant donc tout à la rapidité, on travaille à une voie provisoire, suivant le tracé définitif mais évitant par des artifices tous les travaux de longue haleine : les terrassements trop importants, les tunnels, sont remplacés par des détours du tracé, par des pentes inadmissibles sur un chemin de fer à grand trafic, ou encore par des voies à rebroussements, empruntées à l'Amérique ; les ponts sont construits en bois, sur chevalets, à côté de l'emplacement des ponts définitifs..., etc...

Ainsi beaucoup de choses n'étaient que provisoires, et lorsque, avant le retard causé par les derniers événements de Chine, les ingénieurs annonçaient pour l'été de 1901 la continuité de la ligne et le passage possible des trains, ils ne promettaient que pour 1904 une voie achevée et une exploitation régulière.

C'est donc, peut-on dire, sur un projet de voie ferrée que nous avons voyagé ; mais ce projet suffira à réaliser la liaison tant attendue par la Russie ; en même temps, il permettra l'arrivée facile et économique du matériel et des travailleurs pour les travaux définitifs.

Ceci explique toutes les défectuosités ou dégradations, que nous avons rencontrées, et que nous rencontrerons encore dans la suite.

Après cette digression, revenons à Thie-ling, où nous dûmes passer plusieurs jours ; c'est une ville très importante, un « shien » sorte de sous-préfecture chinoise ; elle est située au bord du Leao-ho, en un point où les montagnes bordant la vallée se resserrent et forment un étranglement très prononcé. Cette disposition est un puissant facteur de l'importance commerciale de la ville, en créant une sorte de couloir dans lequel doit forcément passer tout le trafic, qui se fait soit par le fleuve, soit par routes. Le Leao-ho est le siège d'une navigation très active, on y voit quantité de jonques et de barques ; de la ville on n'aperçoit ni le fleuve ni les bateaux, mais seulement une suite ininterrompue de voiles blanches, semblant naviguer dans les terres, et formant un spectacle très curieux.

La mission, où nous recevons l'hospitalité charmante du R. P. Lamasse, est adossée aux premiers contreforts de montagne, qui arrivent jusqu'à la ville du côté de l'est ; cela lui donne une situation dominante très coquette et très agréable. La maison du Père, une autre semblable, dans laquelle deux sœurs françaises dirigent un petit orphelinat, enfin un troisième bâtiment servant aux exercices du culte, encadrent une sorte de plate-forme, sur laquelle doit s'élever une élégante petite église ; elle est encore en projet et nous en voyons les plans, mais sans prévoir alors, que, trois mois plus tard, la mission serait détruite, et que l'église projetée ne verrait sans doute jamais le jour.

En dehors du missionnaire et des religieuses, il n'y avait d'européen à Thie-ling, au moment de notre passage, que le personnel russe du chemin de fer. Il se composait d'un ingénieur, d'une vingtaine d'employés sous ses ordres, et d'un détachement imposant de cosaques, comprenant un lieutenant colonel, trois officiers, et une centaine d'hommes.

Ce poste important, duquel relevaient de nombreux petits détachements disséminés le long de la ligne, avait contribué beaucoup à maintenir le calme dans la région, et avait dû faire de nombreuses démonstrations contre des bandes de Chinois, donnant parfois des signes d'agitation. Quelques jours seulement avant notre arrivée, cette agitation s'était manifestée à nouveau dans les environs, et tout un dépôt de traverses avait été incendié par un groupe de Célestes mécontents ; les cosaques étaient arrivés à temps pour disperser les révoltés, étouffer le mouvement, et l'empêcher de prendre un développement qui eût pu devenir dangereux.

Cette population russe s'était établie à cinq kilomètres environ à l'ouest de la ville, où elle avait construit et organisé toute une petite colonie ; nous y fîmes plusieurs visites et nous y fûmes parfaitement reçus. L'ingénieur parlait très convenablement le français et était en relations très suivies avec le père missionnaire ; aussi nous le vîmes plusieurs fois et ses longues conversations nous donnèrent quantité de renseignements intéressants sur la construction de la voie ferrée.

Nous profitons de notre séjour à Thie-ling, pour quitter la plaine, et pousser une petite pointe dans la région montagneuse ; le Père Lamasse organise pour nous le voyage et veut bien se faire notre guide.

Après bien des recherches vaines pour trouver des charrettes convenables, on arrive à découvrir un immense chariot que l'on recouvre avec des nattes, et dans lequel nous pouvons trouver place à trois, sur de la paille et des couvertures ; c'est dans cet immense véhicule, traîné par quatre mulets que nous quittons Thie-ling le 5 avril, vers dix heures du matin. Notre objectif est Kao-chan-toun, un village situé à 70 lis (35 kilomètres) à l'est de la ville, dans la haute vallée

En route pour Kao-chan-toun : Un repos pour notre équipage.

du Tsaï-ho, petite rivière qui se jette à Thie-ling dans le Leao-ho.

Partis par un temps superbe, nous traversons la rivière, qui présente près de son confluent un gué assez commode, et nous commençons à monter rapidement à flanc de montagne ; le chemin tortueux et très étroit, n'offre que de loin en loin des espaces élargis, permettant le croisement de deux voitures. Aussi, nous devons nous faire précéder d'un homme à cheval, véritable éclaireur de terrain, pour parer à une rencontre fortuite, sur une partie étroite de la route.

Le voyage s'annonce très agréable : nous dominons la vallée, qui devient bientôt encaissée et mouvementée, et dans laquelle quelques rares villages s'accrochent aux flancs de la montagne. Mais nous sommes bientôt pris par une de ces ondées de printemps, qui, en quelques minutes, rendent les chemins quasi impraticables; nous continuons néanmoins à avancer péniblement, rencontrant nombre de charrettes, pesamment chargées de bois coupé dans la montagne, qui redescendent vers la plaine. Elles sont attelées de sept mulets : un dans les brancards et deux groupes de trois en flèche ; ces sept animaux n'arrivent qu'à grand peine à sortir leur voiture des bourbiers et des ornières, mais c'est vraiment un plaisir de voir avec quel entrain et quel ensemble ils donnent le coup de collier ; c'est certes un beau résultat de dressage et de conduite, que la manœuvre par un seul homme, à la voix et au fouet, d'un attelage aussi nombreux.

Pendant une accalmie de l'orage, le chemin nous ramène dans le bas de la vallée ; auprès d'un village, le terrain est complètement bouleversé, couvert de tas de sable de $1^{m},50$ à 2 mètres de haut, et creusé de nombreux trous très voisins les uns des autres. C'est... une mine d'or! la mine de Pin-che-men, exploitée depuis trois ans par les Chinois.

On y voit peu de monde, car la pluie a chassé les travailleurs, mais il s'y trouve en temps ordinaire sept à huit cents chercheurs d'or, occupés à laver les sables; il y a eu là parfois jusqu'à quinze et vingt mille ouvriers, et beaucoup s'y sont enrichis. Ces mineurs viennent de toutes les parties de la Chine, et on en signale même venus de Corée; ce sont des gens généralement peu recommandables, qui, atteints par la fièvre de l'or, perdent tout sens moral; aussi leur agglomération amène-t-elle des scènes de brigandage et des rixes nombreuses et sanglantes.

Le procédé d'extraction est des plus primitifs : le puits creusé, on enlève l'eau et le sable au moyen d'un seau suspendu à l'extrémité d'un long balancier; les boues retirées sont alors lavées à la battée et on recueille les pépites; les terres rejetées sur les bords des puits, forment les petits monticules dont nous avons parlé.

Les pépites sont assez nombreuses, et quelquefois assez grosses : on parlait, au moment de notre voyage, de l'une d'elles trouvée depuis peu, qui aurait été vendue la valeur de 10 000 francs; mais combien de parcelles infimes échappent à une recherche aussi grossière. De plus, les chercheurs, ne disposant pas de pompes à épuisement, doivent abandonner un puits, dès qu'il est assez profond pour être envahi sérieusement par les eaux; c'est encore là une cause de grosses pertes.

On raconte dans le pays l'histoire originale d'une équipe d'ouvriers, arrivés à la mine munis d'une pompe, qui leur assurait un rendement bien supérieur à celui de leurs voisins; bientôt, ils trouvèrent moins fatigant et suffisamment rémunérateur de louer leur appareil à des collègues moins bien outillés, et, au bout de peu de temps, ils rentraient chez eux après fortune faite.

C'est sans doute l'existence de ces mines, connues bien longtemps avant d'être exploitées, qui firent donner au Tsaï-ho, son nom, qui signifie « rivière des richesses »; elles sont en effet une source de richesses non seulement pour les chercheurs d'or, mais aussi pour les mandarins de la région. La recherche du précieux métal étant, en principe, surveillée et réglementée, ceux-ci se livrent à des spéculations très fructueuses sur les autorisations et les interdictions, jouant des unes des autres, pour le plus grand profit de leur cassette personnelle.

On vit aussi des aventuriers, se faisant passer pour de grands personnages, envoyés disaient-ils par le vice-roi, surprendre les mineurs soi-disant en fraude. et les soumettre à un chantage des plus rémunérateurs. Mais, rien ne doit étonner de gens, chez qui la fièvre de l'or s'allie à la ruse et à la mauvaise foi chinoises.

La traversée de cette région aurifère est assez facile, car le terrain est sablonneux et notre voiture y enfonce peu, mais nous trouvons, bientôt après, un chemin épouvantable : à chaque instant nous sommes arrêtés par des fondrières, puis la pluie redouble et la nuit nous surprend. La pluie et la nuit sont deux grands ennemis du Chinois, aussi ces deux choses réunies diminuent notablement l'entrain de notre conducteur, et partant celui de son attelage; nous avons heureusement avec nous un vieux chasseur de

A Kao-chan-toun. — Dans la cour de la mission.

Kao-chan-toun, qui connaît parfaitement le pays et qui nous est du plus grand secours.

Nous entrons, vers sept heures et demie, dans un village, qui est encore à 15 lis (7 kilomètres et demi) de notre objectif ; nous y trouvons des lanternes et des animaux de renfort : mais ces lanternes garnies de papier sont bientôt démolies par la pluie, et nos mulets, glissant et tombant, refusent bientôt tout effort. Nous allons de bourbier en bourbier, et nous échouons finalement dans un véritable lac de boue, d'où il nous est absolument impossible de sortir.

Nous avons encore deux kilomètres à faire ; laissant là voiture et cocher, nous descendons dans l'eau et nous nous acheminons à pied vers le village, toujours guidés par notre vieux chasseur.

Une pluie battante sur le dos, un terrain où l'on enfonce jusqu'au mollet, tout est pour le mieux ; mais nous approchons !

On aperçoit à Kao-chan-toun quelques lumières mais nous avons encore un torrent à traverser : grossi par la pluie et présentant un très fort courant, il ne saurait être passé à pied et nous devons nous réfugier au village voisin ; c'est heureusement un village chrétien, et le père peut y trouver de bons Chinois, qui se lèvent à son appel, amènent une voiture et nous déposent sur la rive opposée.

Enfin à onze heures du soir, crottés, trempés, et harassés de fatigue, nous arrivons chez le R. P. Hérin, qui était prévenu de notre arrivée, mais qui, voyant le mauvais temps et l'heure tardive, ne nous attendait plus. Nous mettons sa garde-robe au pillage pour nous sécher, nous dévorons une collation qu'il nous fait servir, et, bien vite, nous nous allongeons côte à

Type de paysan mandchou.

côte sur un bon lit chinois qu'il avait fait chauffer à notre intention.

Notre cocher, moins favorisé, dut passer une partie de la nuit à la belle étoile; des gens du village, partis avec du renfort pour le dégager, le trouvèrent dormant dans son char; ils eurent toutes les peines du monde à ramener la voiture, qui n'arriva que vers deux heures du matin.

Nous profitons de la journée du lendemain, pour voir un peu le village et pénétrer dans quelques intérieurs chinois. Le nom de Kao-chan-toun signifie « appuyé à la montagne »; nous sommes, en effet, dans un pays très mouvementé, entouré de toutes parts de sommets et de mamelons; mais, tout cela est aride et dénudé et quelques points seulement sont couverts de bois taillis, jeunes et dépourvus de grands arbres. Il faut attribuer ce caractère désolé, beaucoup moins à la pauvreté du sol, qu'à l'incurie des habitants des nombreux villages de la région; ce sont eux qui déboisent et tondent littéralement la montagne, ne laissant pas aux arbres, par des coupes raisonnées, le temps de pousser et de se former, mais coupant toutes les pousses, dès qu'elles peuvent être brûlées.

La conséquence immédiate de ce déboisement est, au moment des pluies, un mouvement d'eau considérable, qui transforme les moindres ruisseaux en torrents rapides, profonds et dangereux à traverser.

La population, exclusivement agricole, est presque toute entière chrétienne, et forme une petite oasis religieuse, confiée aux soins du R. P. Hérin; ici la mission est loin d'être somptueuse, c'est la toute petite chrétienté de campagne réduite à une maison chinoise : un bâtiment servant d'habitation au père, un autre transformé en minuscule chapelle. La

Femmes mandchoues, avec leur coiffure caractéristique, ornée de lourdes épingles d'argent curieusement ouvragées.

modestie et la pauvreté de cet établissement, ne suffirent pas à le protéger contre la fureur des barbares, il fut incendié comme tous les autres.

Les habitants sont de beaux types de paysans manchoux, grands et forts : leurs mœurs et leur costume sont absolument chinois, et le nom de la vieille race des Tartares-Mandchoux est réduit maintenant à une désignation purement géographique. Toutefois, en Mandchourie, les femmes n'ont pas ces horribles pieds déformés et torturés qui sont de règle générale dans presque tout l'empire chinois; de plus elles font de leurs cheveux un édifice large et volumineux, orné de riches et lourdes épingles d'argent, qui est une coiffure caractéristique du pays; c'est celle que l'on voit aussi à Pékin, portée par les nombreuses femmes tartares que l'on y rencontre.

Plus que partout ailleurs, peut-être, les mœurs sont ici excessivement patriarcales; les familles sont très nombreuses, et nous avons vu jusqu'à quatre générations réunies, habitant la même maison : frères et sœurs, beaux-frères et belles-sœurs, cousins et cousines, vivent ensemble et d'accord, sous l'autorité effective et incontestée du chef de famille.

Quelques-uns de ces cultivateurs sont très riches, mais leurs habitations n'en sont pas moins simples et modestes; c'est la classique maison chinoise, que l'on rencontre partout : une cour entourée de plusieurs corps de bâtiment, dans lesquels se logent les différentes branches de la famille. Dans l'intérieur de ces logements, on voit de grandes armoires renfermant les costumes des jours de fête et aussi les richesses, les papiers et les objets précieux; au milieu de la salle le brasero où chacun vient allumer sa pipe, et sur l'un des côtés le grand lit chinois; c'est le meuble le plus

Type de Chinois mandchou.

important, et le plus varié dans ses usages : la nuit on y dort, le jour on s'y assied pour causer, fumer ou manger, et il sert même à chauffer l'appartement.

Ce lit, qui s'appelle le « khan », et qui est universellement employé dans tout le nord de la Chine est une précieuse ressource dans ces pays, où l'hiver est long et rigoureux. C'est un massif en maçonnerie, adossé à l'un des murs de l'habitation, ayant quatre-vingts centimètres de hauteur et faisant une saillie de près de deux mètres dans l'intérieur de l'habitation ; cela constitue donc une aire plane, un peu semblable à celle d'un lit de camp comme on en voit dans nos corps de garde. Cette surface est couverte d'une natte, quelquefois d'une plaque de feutre, et c'est là-dessus que tous les habitants de la maison s'étendent pour dormir.

Les Chinois riches interposent entre eux et le khan des sortes de matelas ou de couvertures ouatées, mais les pauvres gens couchent à même la natte ; remarquons de plus, qu'à l'inverse de nos habitudes, le Chinois se couche toujours les pieds au mur et la tête au centre de la chambre : cela tient à ce que souvent le mur, auquel est appuyé le lit, est percé de vastes fenêtres, dont les carreaux de papier, souvent déchirés, laissent passer la lumière mais aussi les courants d'air.

Ce qu'il y a de plus curieux dans ce lit, c'est qu'il est chauffé par l'intérieur : toute une canalisation de cheminée va et vient, dans le massif en briques et l'on y fait circuler les produits de combustion du fourneau de cuisine, ou de foyers spéciaux dans lesquels on brûle des tiges de sorgho ; ce feu presque continu échauffe toute la maçonnerie du lit, qui répand alors dans la chambre une chaleur douce et agréable ; de plus, la surface devient pour le dormeur

Intérieur d'une habitation de cultivateurs à Kuo-chan-toun.

une couche sinon moelleuse, du moins confortablement chauffée.

Nous avons déjà fait usage du khan, et c'est ce système de couchage qui nous attendait à Kao-chantoun ; il est d'ailleurs très pratique, et l'on s'y habitue bien vite.

Cette journée passée dans le village a remis à peu près sur pied notre attelage, et le lendemain nous reprenons le chemin de Thie-ling ; nous avons un temps convenable, mais des routes affreuses. A la mine d'or, le travail bat son plein, et nous voyons cette fois une fourmilière en pleine activité. En approchant de la ville nous trouvons deux chevaux et une mule, munis de selles chinoises multicolores, qui ont été envoyés au-devant de nous et que nous montons pour abréger un peu la durée du trajet.

Le passage à gué du Tsai-ho, est devenu impossible, ou tout au moins dangereux pour des cavaliers, risquant d'être entraînés par le courant; nous avons recours à un petit bac, conduit par deux Chinois, et nous traversons ainsi la rivière, tandis que nos montures, tenues en main, nous suivent à la nage.

On trouve de nombreux bacs sur les rivières de Mandchourie : les uns sont la propriété de leurs bateliers auxquels ils permettent de réaliser un joli petit pécule; les autres constituent un véritable service public : ils appartiennent à l'État, et sont manœuvrés par des condamnés et des relégués. Les uns et les autres sont soumis à la grande loi de la responsabilité chinoise, qui s'applique également aux aubergistes, aux voituriers, etc.; les passeurs sont entièrement responsables de la vie des voyageurs et de la valeur des marchandises qu'ils transportent, et, en cas d'accident, ils peuvent être condamnés à des peines très sévères. Aussi n'est-il pas rare, au moment des grandes pluies, de voir des bateliers refuser tout passage, pendant quelquefois plusieurs jours ; alors, voyageurs et voitures s'accumulent sur la rive et attendent patiemment que le cours d'eau ait repris un régime plus calme, permettant de le traverser sans danger.

Sur la rive gauche du Tsai-ho, nous sommes presque à l'entrée de la ville, et quelques instants après nous arrivons à la mission ; il est huit heures du soir, et nous marchons, presque sans arrêt, depuis huit heures du matin. Cela nous fait présager bien des lenteurs et des difficultés pour la suite du voyage, si l'état des routes ne s'améliore pas ; nous allons en effet abandonner le chemin de fer pour la charrette et nous avons plus de 300 kilomètres à parcourir ainsi.

Notre premier soin en rentrant à Thie-ling est de chercher à nous procurer des voitures ; un Chinois, chargé de ce soin, parcourt toutes les auberges de la ville : impossible d'en découvrir. Presque toutes les charrettes ont été réquisitionnées par les Russes ; ceci est un peu vrai, mais ce qui l'est plus encore, c'est que tous les propriétaires de moyens de transport les cachent soigneusement, pour échapper à cette réquisition. Le service pour le chemin de fer leur assure bien un paiement rémunérateur, mais il les expose, pour un oui ou pour un non, suivant les besoins du service, à être envoyés quelquefois très loin de chez eux, et à faire des absences longues et imprévues. Leur plus forte crainte est, croyons-nous, de voyager constamment sous l'escorte des bons cosaques qui ont quelquefois la main un peu lourde, et le knout un peu facile.

Ce n'est qu'après quatre jours de recherches qu'on arrive à nous trouver deux charrettes et deux cochers, qui s'engagent à nous conduire jusqu'à Kouan-tcheng-tse, c'est-à-dire à 200 kilomètres environ; là, nous ferons une halte et nous changerons de véhicules.

Le départ est décidé pour le 12 avril au matin; la veille au soir, les équipages viennent se ranger dans la cour de la mission, et l'on charge nos bagages sur l'arrière des chariots. Suivant la coutume chinoise, nous devons remettre aux cochers la moitié du prix convenu pour le voyage; mais ils en réclament la totalité : c'est, disent-ils, pour acheter un cheval de renfort pour leurs voitures; à la vue de leurs animaux étiques, ce dernier argument nous touche, et nous leur abandonnons trente-huit piastres sur les quarante-huit convenues comme prix total.

Le R. P. Lamasse nous donne obligeamment son propre domestique, pour nous accompagner et nous servir jusqu'à la Soungari. C'est un Chinois d'une trentaine d'années, qui ne sait pas un mot de français, mais qui, ayant vécu quelque peu au contact des Européens, pourra nous être très utile.

La veille du départ, il est fort inquiet : il vient nous rapporter un bruit qui circule dans la ville, annonçant qu'une bataille s'était engagée le jour précédent, aux environs de Kouan-tcheng-tse, entre Russes et Chinois, et que plusieurs soldats chinois, plusieurs russes, dont un « mandarin » avaient été tués. Cette nouvelle cause une vive émotion dans la cité, mais elle en cause surtout à ce bon domestique, qui n'envisage que d'un œil timide et peu rassuré, la sécurité toute relative du pays, dans lequel nous allons l'engager à notre suite.

Nous donnons cela comme un exemple de la rapidité avec laquelle les nouvelles sont transmises au milieu des populations chinoises; celle-ci s'est répandue à plus de 200 kilomètres en un peu plus de vingt-quatre heures.

VII

Marche pénible de Thie-ling à Kaï-yuen. — Les coolies du chemin de fer. — Organisation du personnel de la voie. — Bataille entre cosaques et Chinois. — De Kaï-yuen à Kouan-tcheng-tse. — Le voyage sur les routes et la vie dans les auberges chinoises. — Séjour à Kouan-tcheng-tse. — De Kouan-tcheng-tse à la Soungari en tarentass. — De la Soungari à Harbine en drézine et en chemin de fer.

Nous quittons Thie-ling pour entreprendre le voyage en charrette; nous nous installons le moins mal possible dans ces véhicules, où nous allons avoir à passer des journées entières; notre nouveau domestique se place à côté de l'un des cochers, et nos voitures attelées de trois mulets, petits et paraissant peu vigoureux, se mettent en marche.

A la sortie de la ville, nous sommes rejoints par deux cavaliers chinois, envoyés, comme à Moukden, par le mandarin, à qui nous avions fait présenter nos passe-ports. Sur le conseil des pères, nous avons fait confectionner de petits drapeaux français, portant en caractères chinois l'indication de notre nationalité, et nous les avons fait placer bien en vue sur nos charrettes. C'est là une coutume très chinoise, et nous avons rencontré beaucoup de Célestes en voyage, qui avaient ainsi, fixé à leur voiture, un petit drapeau portant l'inscription de leurs noms et qualités.

Nous prenons la grande route qui se dirige vers le nord, puis nous la quittons bientôt pour un petit chemin de montagne, qui fait un léger détour, mais où nos conducteurs espèrent trouver un terrain plus facile; le paysage y est assez pittoresque, et l'on a, de temps en temps, de belles échappées sur la grande vallée du Leao-ho; nous avançons péniblement d'ornière en ornière, et nous nous embourbons dans les moindres ruisseaux, d'où nos voitures ne sortent que par des manœuvres de force.

Nous marchons avec une lenteur désespérante, mais ici, rien ne doit être désespérant, et le parti le plus sage est d'imiter la saine philosophie chinoise de nos cochers, qui allument tranquillement leurs pipes en contemplant leurs charrettes enfoncées dans la boue jusqu'aux essieux.

A la nuit tombante, dernier embourbage, mais celui-ci définitif: les deux voitures sont dans l'impossibilité d'avancer; il faut aller dans un village, heureusement très rapproché, chercher du secours. On nous amène des mulets et des bœufs, qui nous tirent d'affaire, et nous arrivons après deux heures d'efforts aux habitations, où nous devons demander l'hospitalité pour la nuit. Nous sommes reçus dans une famille de cultivateurs; ils nous préparent un petit repas à la chinoise que nous dévorons, puis nous nous étendons sur le khan, à côté de tous les habitants de la maison.

Le lendemain, nous repartons avec des bœufs de renfort et nous recommençons la série des arrêts et des manœuvres pour dégager les charrettes; puis bientôt nous rejoignons la grande route. C'est un lac de boue épaisse, encadré entre deux talus; on ne peut songer à y faire rouler des voitures, il faut, comme font tous les convois que l'on rencontre, se tenir dans les champs, au bord et en dehors de la voie tracée.

Sur la route défile une véritable armée de coolies,

remontant vers le nord : il en est passé depuis peu 20 000 à Thie-ling, se rendant sur les divers chantiers de construction de la voie ferrée; ils marchent en file indienne, sur les talus bordant la chaussée, où leur passage a tracé un sentier relativement sec, et ils forment une ligne continue se déroulant sur plusieurs kilomètres. Ils vont ainsi, de village en village, réunis par groupes, ayant à leurs têtes des chefs d'équipe, portant des drapeaux à inscriptions chinoises; chacun de ces émigrants travailleurs emporte avec lui son petit bagage et aussi les outils de terrassier dont il a été muni avant la mise en route : une pelle, et deux paniers servant à transporter la terre.

Enfin, on aperçoit dans la colonne, des familles entières avec femmes et enfants; il est même assez curieux de voir ainsi des femmes chinoises, faire des étapes longues et pénibles, en équilibre sur leurs petits pieds déformés, marchant tout le long des grandes routes, de leur allure dandinante de canard, les bras écartés comme pour leur servir de balancier.

Après un déjeuner, tout ce qu'il y a de plus chinois, dans une auberge de village, nous reprenons notre chemin, pour ne nous arrêter qu'à la nuit dans une nouvelle auberge. Les immenses salles de l'établissement, le long desquelles courent de vastes lits de camp, sont encombrées par les coolies que nous avons vus sur la route; ce n'est qu'après de longs pourparlers de notre domestique avec le maître de céans, que nous arrivons à nous faire servir à manger, et que nous trouvons un coin de lit pour y dormir, côte à côte avec tous ces gênants voyageurs.

Ce vaste dortoir est vraiment typique, et renferme bien une centaine de dormeurs; plusieurs, pour avoir un contact plus immédiat avec la surface chaude du lit, se sont couchés complètement nus, et se servent de leurs vêtements comme couvertures ; on entend des conversations, des disputes, des ronflements, et tout cela sent bien un peu... le Chinois, mais nous n'avons pas le droit d'être difficiles.

Ce n'est que le 14 avril dans la matinée que nous arrivons à Kaï-yuen, ayant ainsi mis près de deux jours et demi pour parcourir 35 kilomètres ; pendant la traversée de la ville, nous rencontrons le chef de la station russe : c'est un conducteur de travaux, ce que les Russes appellent un « chef de distance », homme fort aimable, qui nous conduit chez lui et veut absolument nous garder le reste de le journée.

Nous dirons ici quelques mots de la répartition des postes d'études et de travaux, le long du tracé de la ligne ferrée. L'ensemble du parcours a été divisé en fractions d'une trentaine de verstes, que l'on appelle distances ; ces éléments, correspondants à peu près à l'intervalle des stations, ont été confiés chacun, pour les études et la construction, à un jeune ingénieur ou conducteur de travaux appelé chef de distance ; ces fractions, réunies par groupes de trois ou quatre, constituent des tronçons, d'une centaine de verstes de longueur, appelés sections, et dont sont chargés des ingénieurs dits chefs de section.

Ces derniers sont, en même temps que des directeurs techniques, des rouages administratifs : ils disposent de tout un personnel de comptabilité, et peuvent demander directement, aux nombreuses agences de la banque russo-chinoise, les fonds nécessaires à leurs travaux ; leurs résidences sont de petites colonies assez nombreuses, du genre de celle que nous avons visitée à Thie-ling.

Il y a ainsi, sur l'étendue de la ligne, vingt-deux

sections ; les plus voisines de Harbine, sur les trois branches du tracé, sont placées sous les ordres immédiats de l'ingénieur en chef, qui réside dans cette ville ; au contraire, sur chacune de ces branches, les quatre sections extrêmes sont réunies, sous l'autorité d'un ingénieur chef de division, servant d'intermédiaire entre les chefs de section et l'administration centrale ; il y a donc trois chefs de division résidant à Port-Arthur, à la frontière de la province de l'Oussouri, et à la frontière de la région transbaïkalienne, c'est-à-dire aux trois points extrêmes du chemin de fer de l'Est Chinois.

Toute cette organisation constitue une ligne de postes, distants d'une trentaine de kilomètres les uns des autres, et pouvant servir de relais ou de gîtes d'étapes aux ingénieurs, ou autres fonctionnaires, ayant à se déplacer le long du tracé.

Revenons à Kaï-yuen, où se trouve un de ces postes. C'est une petite ville murée sans originalité ; notre hôte y est installé dans un petit yamen chinois, qu'il a très coquettement aménagé à l'européenne. Une promenade le long des murs de la cité nous montre bien vite qu'elle manque totalement de cachet : l'enceinte elle-même est en très mauvais état, et par endroits complètement démolie. Nous rencontrons là un coin bien français : au pied des fortifications, allant et venant au bord d'un ruisseau, et lézardant sous un beau soleil, sept ou huit soldats chinois font... l'école des clairons ; ils embouchent tantôt leur trompette minuscule, tantôt leur longue trompe, rappelant le tuba romain, et, n'étaient les sonneries lentes et graves qu'ils tirent de leurs instruments, ils seraient une bonne caricature de nos jeunes clairons s'exerçant dans les fossés de quelqu'une de nos places de guerre. Tout le cadre y est, il n'y manque même pas le rassemblement classique des gamins des alentours ; mais tous les objets sont déformés : paysage, musiciens et instruments.

Nous avons ici des détails plus circonstanciés sur l'échauffourée, qui vient de se produire dans le nord, et dont nous avons eu les premiers échos à notre départ de Thie-ling. Des soldats chinois, chargés de la police, ayant arrêté un de leurs compatriotes, employé comme interprète chez les Russes, un détachement de cosaques vint le réclamer ; devant le refus formel des Chinois, un capitaine et quelques hommes franchirent le mur et pénétrèrent dans le poste où il était enfermé ; aussitôt une décharge de coups de fusil tua net le capitaine et deux cosaques ; leurs camarades les vengèrent alors, en tuant sept soldats chinois.

Naturellement, les deux parties nient avec une égale énergie, avoir pris l'initiative des premiers coups de feu ; deux colonels de la garde du chemin de fer, venus l'un de Harbine et l'autre de Thie-ling, procèdent, en ce moment, à une enquête sur les lieux.

Ce petit fait peut donner une idée de l'état d'esprit qui règne dans le pays, et des relations prétendues amicales entre les deux peuples. Cela nous remet en mémoire une histoire amusante : un ingénieur, chez qui nous eûmes à passer une nuit, nous vantait la douceur et la docilité des indigènes ses voisins : « Voyez-vous, nous disait-il en manière de conclusion, j'ai une telle confiance en eux, que je dors toujours la porte ouverte. » Quelques instants après, ayant à sortir de l'habitation, nous pûmes vérifier la chose ; la porte n'était nullement close, en effet, mais par derrière était une sentinelle armée jusqu'aux dents ; c'était là une conception assez originale de la... porte ouverte.

Au nord de Kaï-yuen, nous trouvons un terrain un peu plus sec, et nos voitures peuvent marcher à ce pas très accéléré des animaux du pays, et même au petit trot ; nous pouvons ainsi faire des étapes d'une quarantaine de kilomètres, et arriver en cinq jours à Kouan-tcheng-tse.

Nos conducteurs refusent énergiquement de prendre la route qui suit la ligne ferrée, et qui va de poste en poste ; ils prétendent qu'on n'y trouve pas d'auberges, mais surtout ils redoutent le voisinage trop immédiat des soldats russes ; ceci nous explique pourquoi, sans raison avouée, ils ont formellement refusé les mulets de renfort, qui nous étaient offerts à Kaï-yuen, et dont nous aurions pu changer à chaque station.

Ils nous engagent donc sur la grande route, située un peu à l'ouest de la précédente, et nous arrivons après quelques heures à Yu-chou-tcheng-tse, ou Tchang-tou-fou, grande ville où nous pensions déjeuner ; mais, comme obéissant à un mot d'ordre, tous les aubergistes nous ferment leurs portes, et refusent impitoyablement de nous servir. Ils prétendent que des Russes seraient passés chez eux sans les payer, ce qui peut très bien s'expliquer par une de ces malversations si courantes des interprètes chinois ; peut-être aussi craignent-ils de s'attirer des désagréments, en recevant chez eux des Européens, à un moment où le lutte des jours précédents a mis un peu d'orage dans l'air. Bref, nous devons continuer notre route, et ce n'est qu'au village suivant que nous pouvons prendre notre repas du matin.

Nous vivons pendant quelques jours, complètement à la chinoise : réveillés au petit jour, nous partons après un léger déjeuner, composé de thé, bien entendu toujours sans sucre, et de quelques gâteaux chinois, qui seraient excellents s'ils ne sentaient assez fort la chandelle. En route toute la matinée, nous coupons, de temps à autre, la monotonie de la voiture par un peu de marche à pied, ce qui nous repose de la position accroupie que l'on doit prendre dans ces cages, qu'on appelle des charrettes; cela a d'ailleurs la propriété d'étonner très fort nos conducteurs et notre domestique, qui, en bon Chinois, n'arrivent pas à comprendre qu'on puisse se fatiguer à marcher, quand on a un véhicule à sa disposition.

Vers onze heures, grand'halte : déjeuner et repos pour tout le monde, bêtes et gens ; puis on reprend la marche jusqu'à la nuit, où l'on s'arrête de nouveau à l'auberge.

Ces auberges chinoises, où nous couchons et prenons tous nos repas, méritent une description. Situées sur le bord de la route, tous les cinq ou six kilomètres, elles sont reconnaissables à leurs enseignes caractéristiques : toutes sont marquées d'un grand mât peint et décoré, dans lequel est fiché en croix un poisson découpé, et plus ou moins artistement sculpté; à ce poisson sont quelquefois suspendus divers attributs parlants, dont le plus fréquent est la topette en plomb, dans laquelle on sert l'alcool de riz.

Une immense cour carrée, ouvrant sur la route par deux grandes portes charretières, situées aux deux extrémités de la façade, occupe le centre de l'établissement; c'est dans cette cour que l'on place les voitures : les chevaux et mulets sont attachés au piquet, et l'on dispose au-devant d'eux des mangeoires portatives. Il y a quelquefois là, particulièrement en hiver, tout un encombrement de charrettes et d'animaux de toute espèce : tout cela est gardé soigneuse-

Un coin de cour dans une auberge chinoise.

ment, surtout la nuit, par le personnel de l'auberge, doublé souvent pas de grands et très vigilants chiens de garde.

Sur les quatre faces de la cour, quatre longs corps de bâtiment forment les salles d'habitation : ce sont de grandes pièces rectangulaires, avec des lits chinois appuyés à toute la longueur des deux murs. Ces murs sont décorés de grossières images en couleur : personnages, animaux, scènes de la vie chinoise, scènes militaires, etc. ; l'une d'elles, que l'on rencontre fréquemment, représente des guerriers chinois, chassant devant eux des soldats européens, coiffés de képis et semblant porter des uniformes français ; peut-être est-ce un souvenir de le campagne de 1860? Il faut dans ce cas, que les bons Chinois aient défiguré l'histoire à leur profit, mais il n'y a là, rien qui puisse étonner.

Quelquefois le milieu de la salle est occupé par la cuisine ; d'autres fois elle est reléguée dans un coin, et séparée du reste de l'appartement. Dans ce cas, les places de lit situées auprès des fourneaux sont très recherchées, car ce sont les mieux chauffées ; aussi les voyons-nous toujours prises par les premiers arrivants ; dans quelques auberges même, il existe entre la cuisine et la salle commune, une petite pièce un peu isolée, qui sert de chambre pour les voyageurs de marque : c'est là que nous couchons quelquefois ; mais on a déjà vu que nous sommes loin d'être toujours aussi bien installés. Enfin, on trouve parfois de petites chambres séparées, où l'on peut coucher deux ou quatre mais c'est là un luxe bien rare, et la loi générale du voyageur est d'être mélangé à la foule.

Les repas se prennent sur une petite table, haute de vingt centimètres environ, qui se place sur le lit ;

on mange alors assis « en tailleur » tout autour : nous préférons prendre une position moins chinoisement correcte mais plus commode, en nous asseyant de chaque côté sur le bord du lit. Le menu est à peu près invariable : soupe aux œufs ou au vermicelle, viande de porc ou de poulet coupée en tous petits morceaux, plats de champignons et de tripes, choux chinois, germes de haricots, etc., on retrouve cela partout avec l'immuable bol de riz ; cette cuisine, quoique préparée avec de l'huile de haricots, et avec une graisse quelque peu odoriférante est, ma foi, très supportable, et nous pouvons nous en contenter, sans faire appel aux quelques conserves européennes que nous transportons dans nos bagages.

Bien entendu pas trace de fourchette, et il faut savoir manœuvrer les baguettes, ou apporter son couvert avec soi.

Ce repas est arrosé uniquement d'eau-de-vie de grains, que l'on boit chaude, dans des petits godets en porcelaine; mais, avant et après le repas, on absorbe d'innombrables tasses de thé (1).

Et maintenant, si l'on est curieux de savoir ce que coûte, à la campagne, la « vie d'auberge », nous dirons que nous payons, pour les deux repas et le logement de trois personnes, l'équivalent de deux francs soixante par jour. On peut, d'après ce prix, que notre caractère d'étrangers a dû faire sérieusement majorer, se faire une idée de ce que sont les frais de voyage d'un naturel du pays.

Notre arrivée dans les auberges, suscite une

) Nous ne parlons ici que de la vie d'auberge, laissant de côté les grands repas chinois, où l'on absorbe cérémonieusement trente et quelques produits de cuisine savante, qui ont été décrits et catalogués par un grand nombre de voyageurs.

curiosité bien légitime, mais pas toujours très bienveillante ; aussi pour « sauver la face » et agir avec toute la dignité possible, restons-nous soigneusement dans le fond de nos voitures, pendant que notre domestique engage les pourparlers avec l'aubergiste, choisit l'endroit le plus convenable pour nous, et y installe nos couvertures et nos petits bagages. C'est alors seulement, que nous pénétrons dans l'établissement, heureux si le maître des céans n'a pas été trop récalcitrant pour nous recevoir.

Dans l'intérieur, nous sommes un attrait pour les curieux, qui épient nos moindres gestes, nous regardant écrire, fumer, manger... Il faut de nombreuses démarches du personnel de la maison, pour éloigner ce cercle d'importuns, qui se rabattent alors sur nos cochers et notre boy, pour les interwiever sur notre compte.

Nous sommes envahis, un jour, par un détachement d'une trentaine de soldats, qui ne sont satisfaits, que lorsqu'ils ont inspecté et palpé nos vêtements, nos souliers, et tous les objets à notre usage. Une autre fois, on nous amène deux hommes haves et miséreux, ayant une chaîne au cou et une cangue aux pieds : ce sont deux prisonniers, qui viennent nous demander l'aumône ; ils sont nos camarades d'auberge, et presque nos voisins de lit.

Ce petit voyage, en pleine vie chinoise, fut très fertile en incidents de tout genre ; il ne faut pas compter le nombre de fois que nous restâmes en panne dans des ruisseaux, nos mulets couchés et refusant de se lever, ou bien s'échappant et se faisant donner la chasse par les conducteurs ; on arriverait à un chiffre respectable, en comptant seulement les cas de voitures renversées ; par un malheureux sort, ces accidents se

La charrette embourbée. — Un des nombreux accidents de voiture.

produisirent toujours dans boue, et même, une fois, au milieu d'un cours d'eau, que nous passions à gué. Mais ce sont là de petites choses bien vite oubliées, et dont on est heureux de rire plus tard.

Il faut dire que nous avions formé l'amorce d'une véritable caravane; trois ou quatre voitures et plusieurs Chinois s'étaient joints à nous et ne nous quittaient plus, partant en même temps que nous, s'arrêtant aux mêmes auberges, et à l'occasion même nous rendant quelques petits services. Nous avions entendu parler de cette solidarité, qui s'établit ainsi en voyage, et nous n'en fûmes point étonnés; la raison en est bien simple : le pays est infesté de brigands, que les Chinois appellent des « hong-hou-tze » ou barbes rouges ; ceux-ci attaquent et rançonnent les voyageurs isolés sur les grandes routes, et c'est pour leur inspirer la crainte d'un échec et le respect du nombre, que se forment ces réunions de voitures et de voyageurs, auxquelles ils osent bien rarement s'attaquer.

Nous remontons insensiblement la vallée du Leao-ho, nous traversons sur un pont sa branche supérieure, puis nous redescendons en pente douce vers Kouan-tcheng-tse, qui se trouve dans le bassin hydrographique de la Soungari. A mesure que l'on avance vers le nord, on trouve un pays plus boisé et plus riant; les arbres deviennent plus nombreux, apportent au paysage, pour l'égayer un peu, la timide verdure de leurs bourgeons naissants, et la nature se réveille au premier soleil de printemps.

De très nombreux villages s'échelonnent sur les bords de la route, qui traverse aussi quelques gros bourgs et petites villes, telles que Feng-houa ou Maï-ma-kaï, Tchao-yang-pou au point de passage du fleuve, et Hé-lin-tze. Ces villes ont un caractère assez

Pagode à l'entrée d'un village, au nord de Thie-ling.

spécial; ce n'est pas l'habituelle agglomération de maisons chinoises, serrées les unes contre les autres, et bordant des ruelles infectes; les habitations s'alignent le long de la grande route, formant ainsi des bourgs très étendus, mais de peu de largeur, qui sont aérés et assainis, par la grande artère qui les traverse. On aperçoit parfois des constructions originales : des pagodes d'une architecture riche et coquette et partout de vastes monts de piété, institution chère au peuple chinois; ces derniers sont facilement reconnaissables à leur construction sobre et robuste, et au grand mur crénelé et sans fenêtres, qui les entoure et leur donne un faux air de forteresse. Ces établissements sont la propriété de riches capitalistes, pour qui ils sont une source de très gros revenus.

Sur la route règne une circulation très active de la population; celle-ci paraît un peu mélangée, car on y voit des femmes à petits pieds, des hommes ayant le type plus délicat et plus affiné des Chinois du sud... etc...; cela peut s'expliquer par ce fait que nous approchons de la frontière de Sibérie, et que la région, comme toutes les provinces frontières, reçoit des condamnés et des relégués de toutes les parties de l'empire.

En approchant de Kouan-tcheng-tse, nous retrouvons le tracé du chemin de fer russe, mais il n'est marqué ici que par une ligne télégraphique et quelques terrassements; c'est à cinq ou six kilomètres avant d'arriver à la ville, auprès d'un petit poste cosaque que nous apercevons, que s'est produite la bagarre meurtrière de ces jours derniers.

Nous arrivons à la nuit à l'entrée des faubourgs, nous traversons toute la ville dans sa grande longueur, et nous sommes, vers neuf heures, chez le R. P. Samoy, à qui nous avions annoncé notre arrivée ; nous devons faire ici un court séjour de repos avant de gagner la Soungari ; nous sommes au 19 avril, et nous avons mis huit jours pour venir de Thie-ling.

Kouan-tcheng-tse, dont le nom signifie « la grande ville », et que les missionnaires français appellent « Granville », est un des centres les plus importants de Mandchourie ; son commerce est florissant, et sa population atteint 200.000 habitants. C'est, au point de vue administratif, un « fou », sorte de préfecture chinoise, de la province de Girin ; mais, plus directement placé que la capitale, sur la voie du grand courant commercial nord-sud, elle est le siège d'un mouvement d'affaires bien plus considérable.

Girin, résidence du vice-roi de la Mandchourie septentrionale, ne sera pas traversée par le chemin de fer, dont le tracé laisse cette ville à 150 kilomètres à l'est ; mais les Russes y sont néanmoins installés, et, en avril 1900, ils avaient déjà dans cette capitale un consul, une agence de la banque russo-chinoise, un capitaine et cent cinquante soldats. Il était d'ailleurs fortement question de construire une voie ferrée, allant de Girin à Kouan-tcheng-tse, reliant ainsi à la grande ligne le chef-lieu de la province.

Les missionnaires possédaient à Kouan-tcheng-tse une petite église et une coquette maison chinoise, où habitait leur procureur, le R. P. Samoy, qui nous offrit une cordiale hospitalité. Une petite école de garçons dirigée par un vieux mandchou lettré, une école de petites filles confiée à des sœurs chinoises, voilà les établissements de la mission ; inutile de dire encore, que tout cela a été détruit et brûlé.

Dès le lendemain de notre arrivée, nous allons, avec le père, faire une visite à la colonie russe ; elle est située en dehors de la ville, et nous nous y rendons, montés sur de petits chevaux chinois; le R. P. Samoy, sur une superbe mule, ouvre la marche; nous longeons d'immenses cimetières et nous y voyons alignés au bord de la route, les cercueils de nombreux Chinois morts pendant l'hiver, attendant là que le sol soit complètement dégelé pour trouver leur sépulture.

La station est assez importante, c'est la résidence d'un ingénieur chef de section, d'un représentant de la banque, d'un officier commandant le poste de garde, d'un médecin... etc... On s'occupe de suite d'organiser la continuation de notre voyage vers le nord; les routes devenant moins mauvaises, nous pourrons abandonner les charrettes chinoises, et aller de poste en poste dans des voitures russes; nous aurons d'ailleurs un compagnon de route, M. Friedlanski, agent de la banque russo-chinoise, qui, devant se rendre à Harbine, nous accompagnera jusqu'à cette ville.

Notre départ ne peut être fixé qu'au mardi 24 avril, car le dimanche 22 est la fête de Pâques russe, il y a grands festins et réjouissances pour tout le monde, et nous sommes conviés à y prendre part. Ce jour-là, dans l'après-midi, nous reformons donc notre cavalcade, pour nous rendre chez l'ingénieur M. Prosinski; dans son salon s'élèvent deux véritables monuments : ce sont deux tables dressées et couvertes de pâtés, de viandes froides, de pâtisseries et de toutes sortes de vins et liqueurs; plusieurs personnes causent, échangent des souhaits, comme à la nouvelle année, et s'interrompent de temps à autre pour dire un mot à ce lunch, qui reste servi en permanence pendant les deux journées du dimanche et du lundi.

Une école de petites filles à Kouan-tcheng-tse.

Après une longue visite et de nombreux verres de champagne, nous quittons la fête; nous apercevons, en sortant de l'habitation, les baraquements des cosaques et du petit personnel russe, complètement décorés et pavoisés: partout une profusion de drapeaux aux couleurs nationales, au milieu desquels tranchent quelques pavillons aux couleurs spéciales du chemin de fer de l'Est Chinois. Des fenêtres s'échappent des chansons et de joyeux éclats de voix : la gaieté bruyante est de la partie, et il est fort probable que les libations se prolongeront assez avant dans la soirée.

Aussi, le lundi est un jour de repos pour tout le monde, une continuation plus calme de la fête, permettant à tous de reprendre le mardi la vie courante.

Nous reprenons, nous aussi, ce jour-là, notre existence habituelle, c'est-à-dire nos périgrinations. Dès le lever du jour, deux petits chariots, loués à Kouan-tcheng-tse, emmènent nos bagages, sous la conduite de notre domestique chinois; celui-ci est de moins en moins rassuré, il vient de faire plusieurs tentatives pour nous quitter, et il a fallu toute l'éloquence chinoise du Père pour le décider à continuer avec nous le voyage. Dans la matinée, une sorte de victoria très confortable attelée de trois robustes petits chevaux mongols, venait nous prendre à la mission pour faire la première étape.

Après notre trajet en charrette chinoise, nous sommes tout étonnés de nous trouver, commodément assis, dans une voiture presque luxueuse, filant au bon trot, souvent même au galop de son attelage. Deux cosaques nous accompagnent; montés sur de vigoureux petits chevaux, ils galopent au-devant de nous, et reconnaissent les points difficiles de la route ; ceux-ci sont nombreux, et souvent nous devons faire de longs détours, pour éviter des passages marécageux, des ruisseaux bourbeux, ou autres obstacles.

Nous avons bien vite dépassé nos chariots à bagages, et rejoint M. Friedlanski, parti un peu avant nous, dans un chariot russe attelé de trois chevaux; nous finissons l'étape en sa compagnie, et nous atteignons, vers quatre heures, le petit village d'Ou-pé-ho. Une douzaine de Russes employés au chemin de fer, et une quinzaine de cosaques forment là un petit poste, commandé par un chef de distance.

Le lendemain, nous partons à trois dans un grand tarentass sibérien, pendant que notre équipage de la veille reprend le chemin de Kouan-tcheng-tse ; nous devons parcourir quarante-cinq verstes pour atteindre notre gîte d'étape, au bord de la rivière Yo-man-ho. Il a plu toute la nuit, les routes sont défoncées et boueuses, et il faut toute la vigueur de nos très forts chevaux pour dégager la voiture, dont les roues enfoncent parfois jusqu'au moyeu.

Le chemin côtoie plusieurs villages qui sont, paraît-il, peu sympathiques aux Russes ; plusieurs fois, dans la région, des coups de feu ont inquiété les travailleurs, et l'on voit dans la campagne la tombe d'un soldat russe, tué ainsi par les Chinois. Il y a quatre jours encore, un coup de fusil a été tiré sur une voiture passant sur la route ; aussi est-ce avec des marques visibles d'émotion que notre cocher et nos cosaques approchent des lieux habités.

Au milieu de l'étape, nous changeons de chevaux et de conducteur, nous retrouvons une route convenable et nous marchons à verte allure ; mais bientôt se présente un long passage marécageux, d'où nous ne pouvons sortir ; il faut appeler les Chinois du village voisin, dételer les chevaux et faire porter à bras le véhicule. Toute cette manœuvre est agrémentée par une scène de dispute, qui dégénère en pugilat, entre le cocher et un cosaque, qui se rejettent l'un sur l'autre la faute de nous avoir engagés dans ce mauvais pas. Le conducteur fait, en russe, un long palabre, que notre compagnon de route nous traduit, pour nous expliquer que la terre « respire » ; le mot est original, et dépeint bien le travail du sol au moment du dégel.

Péniblement repartis, nous sommes une dernière fois sérieusement embourbés, mais nous sommes près de l'arrivée ; un des cosaques qui nous accompagnent, nous faisant monter successivement sur son cheval, nous conduit au bord du marécage, d'où nous gagnons à pied la station : un bac nous permet de traverser la Yo-man-ho, et d'arriver, avec la nuit, au logement de l'ingénieur chef de distance.

L'étape suivante, qui doit nous ramener au bord de la Soungari, n'ayant que vingt-cinq verstes, nous avons le temps, avant de partir, de visiter les chantiers de construction du pont sur la Yo-man-ho ; c'est un pont de 150 mètres de long, établi sur des chevalets en bois, comme nous en avons déjà vus, dans la région de Moukden.

Ce modèle de ponts en bois, qui paraît adopté sur toute la ligne, ne peut être considéré que comme un dispositif semi-permanent, permettant de gagner un peu de temps. Mais il répond encore à une idée très juste : les ouvrages ainsi construits, avec le soin et la minutie que savent apporter les Russes au travail de la charpente en bois, pourront durer, disent-ils, quatre ou cinq ans; au bout de ce temps, les rivières encore peu connues auront été étudiées, et le régime de leurs eaux pourra être prévu par des statistiques basées sur de longues observations. C'est donc avec des données beaucoup plus certaines, que l'on pourra aborder le problème de la construction des ouvrages définitifs. On verra alors s'élever des ponts en pierre et en fer, comme il en existe de magnifiques, sur tous les grands fleuves de Sibérie.

Nous quittons le poste de la Yo-man-ho, son pont et ses chantiers, pour faire notre dernière étape en voiture ; nous avons une trés bonne route, et un attelage qui marche un train d'enfer. Le chemin s'engage dans une zone mamelonnée qui borde immédiatement la Soungari ; il monte une succession de petites collines, le long desquelles se développent les terrassements du chemin de fer ; bientôt on aperçoit la voie posée, et même quelques wagons, qui ont été amenés là l'hiver, en traversant la rivière sur la glace. Arrivé sur la hauteur, on aperçoit le poste russe ; c'est un groupement d'habitations, coquettement adossées au flanc nord de cette ligne de coteaux, et dominant toute la vallée.

Ce point est appelé « Soungari second », par opposition avec l'autre point de passage de la rivière par la ligne, situé à 120 verstes plus au nord, tout près de Harbine, et que l'on appelle « Soungari premier ».

En avril 1900, la voie était déjà posée entre ces deux postes, et s'avançait d'une dizaine de verstes plus au sud : c'est ce dernier tronçon, que nous apercevions à notre arrivée en voiture : il coupe la ligne des hauteurs, en suivant un petit vallon très encaissé, qui débouche sur la vallée, et c'est à ce débouché même que s'est construit le village russe, habité par le personnel de la station.

Ce personnel est assez nombreux, car il doit assurer,

en plus du service habituel d'une section de la ligne, tous les travaux de la construction du pont; celui-ci est encore à la période des études, mais ce doit être un ouvrage d'art considérable, car il aura 750 mètres de longueur, et 16 mètres d'élévation au-dessus du niveau de la rivière.

Nous sommes hébergés par l'ingénieur chargé de cet important travail ; il se plaît à nous faire visiter ses premiers chantiers, et à nous expliquer ses projets. Nous avons retrouvé en arrivant à Soungari, la voie ferrée construite ; c'est la tête de pose du tronçon nord, marchant à la rencontre de la partie sud, que nous avons quittée à Thie-ling. Des trains, venant de Harbine, ont déjà circulé sur cette partie de la ligne ; ils ont même pu, en hiver, traverser la rivière sur la glace, mais depuis lors, un accident arrivé au pont de la rivière La-ling-ho, à 40 verstes en nord de Soungari-second, a détruit la continuité de la voie.

Nous ne pouvons donc encore voyager en chemin de fer; nous serons conduits jusqu'au pont en question, sur un petit wagonnet, appelé « drézine », actionné par quatre coolies chinois, agissant sur un treuil à engrenages.

En quittant Soungari, nous renvoyons à Thie-ling, le domestique du R. P. Lamasse, qui nous a accompagnés jusque-là ; il paraît enchanté de rejoindre ses pénates, et semble se soucier fort peu, de l'intérêt que peuvent avoir nos périgrinations ; il nous fait des adieux cérémonieux, avec force saluts jusqu'à terre, mais il ne nous cache nullement sa joie de nous quitter.

Sur la rive gauche de la rivière, que nous traversons en bac, nous trouvons notre véhicule; nous nous installons, toujours avec notre compagnon de route,

Travaux de réparation au pont du La-ling-ho, qui s'effondra au passage d'un train.

puis quatre robustes coolies s'attellent aux manivelles, et nous mettent en marche ; nous allons bonne allure, atteignant parfois une vitesse de 25 à 30 kilomètres à l'heure, et nous sommes bientôt au fameux pont du La-ling-ho. Il a 220 mètres de longueur, et il est construit sur chevalets, du modèle type dont nous avons parlé ; quelques jours avant notre arrivée, toute une partie du tablier et les chevalets qui la supportaient

Le voyage en drézine. Le véhicule est actionné par quatre robustes coolies chinois.

se sont effondrés au passage d'un train ; la locomotive et trois wagons ont été engloutis dans la rivière, qui présente, à cet endroit, 10 mètres de profondeur. Par une coïncidence aussi triste que curieuse, le train cause de l'accident était un train tout spécial, qui ramenait à Harbine les cercueils du capitaine et des deux cosaques tués quelques jours auparavant, aux environs de Kouan-tcheng-tse.

Cette catastrophe, qui coûta la vie à un mécanicien et causa de graves blessures à plusieurs employés, émut beaucoup l'administration, mais on ne perdit pas de temps à se désoler : des ingénieurs et des ouvriers furent immédiatement envoyés de Harbine, pour réparer ce désastre, et rétablir la communication entre les deux rives.

A notre arrivée, toute une équipe de scaphandriers exploraient le fond de la rivière, et, triomphe de la course à la vitesse de construction, on renonçait pour le moment aux pénibles manœuvres de levage, qui eussent permis de retirer la locomotive et les wagons; on reconstruisait rapidement, et par-dessus tout cela, les travées qui avaient cédé, pour ramener dans le plus bref délai la jonction de la voie ferrée.

Nous passons au bord du La-ling-ho toute une après-midi et une nuit, confortablement installés dans le wagon des ingénieurs, puis nous partons avec eux en chemin de fer pour Harbine. La région est assez mouvementée, et la voie passe sur des remblais qui atteignent 12 et 15 mètres de hauteur; à tous les passages délicats, des Chinois, graves comme des augures, agitent un petit drapeau rouge et s'époumonnent à souffler dans une trompette en cuivre : gourmés et cérémonieux, ils ont l'air de remplir un sacerdoce et sont ainsi vraiment comiques.

Les ingénieurs font augmenter la vitesse du train; le wagon bondit alors sur une voie sommaire et nullement ballastée, mais nous arrivons sans encombre à Soungari-premier; puis un rebroussement et huit verstes encore nous amènent à Harbine, que l'on peut appeler la capitale du chemin de fer.

Nous y arrivons le 28 avril vers quatre heures après midi, ayant parcouru 900 verstes depuis Port-Arthur.

VIII

Arrivée et installation à Harbine. — Le haut personnel du chemin de fer. — La ville de Harbine. — Soungari ; les chantiers, la ville future. — Le Conseil des affaires extérieures. — La garde de la voie ferrée. — La navigation de la Soungari. — La ligne de Harbine vers Tsi-tsi-kar.

Notre arrivée à Harbine ayant été annoncée depuis plusieurs jours, notre débarquement et notre installation furent moins laborieux qu'à Port-Arthur; l'équipage de l'Ingénieur en chef, une luxueuse victoria attelée de trois magnifiques chevaux noirs, beaux trotteurs de Russie, nous attendait à la gare, et nous conduisit au logement qui nous avait été destiné.

Deux petites chambres et un petit salon étaient mis à notre disposition, dans l'une des grandes maisons-casernes de la ville ; nous y étions attendus et nous y fûmes installés : un jeune boy chinois même était mis à notre service; nous trouvions donc, à peine arrivés, presque le luxe et le confort, ce qui nous fit bien augurer de la réception si cordiale qui nous était réservée.

Après avoir déposé des cartes chez l'Ingénieur en chef, M. Jugovitch, nous goûtames les délices d'une soirée de tranquillité et de solitude, si douce au milieu d'un long voyage.

Le lendemain, commença la série des visites et des fêtes, qui durèrent pendant les trois jours que nous passâmes à Harbine. Notre première visite fut pour

M. Jugovitch : c'est le grand chef de tout le personnel civil et militaire russe stationné en Mandchourie, et l'âme de tous les travaux; il a l'autorité d'un gouverneur de province et il est le représentant direct de l'Empereur. Homme d'une intelligence remarquable, savant ingénieur, il a voyagé partout, et parle, avec une égale facilité, une dizaine de langues européennes ; c'est par lui-même, autant que par sa haute situation, une grande personnalité, mais c'est aussi un vrai charmeur, par sa conversation si riche en idées originales et intéressantes, par ses connaissances aussi étendues qu'approfondies, et surtout un homme aimable, qui fit tout pour rendre agréables notre séjour à Harbine et la suite de notre voyage.

Nous eûmes aussi un accueil très cordial de M. Ignazius, le second et le bras droit de l'Ingénieur en chef; c'est lui qui assure plus particulièrement la direction technique du service, celui-ci s'occupant plutôt de la partie administrative et de l'organisation d'ensemble.

Enfin, nous fûmes présentés aux deux colonels des troupes de la garde du chemin de fer, et nous fîmes la connaissance de tout un personnel d'officiers, d'ingénieurs, d'architectes, de médecins, etc... ; nous devons noter au passage l'amabilité du directeur de la banque russo-chinoise, qui fut pour nous un véritable camarade.

Pendant notre court séjour, nous n'eûmes pas un instant à perdre. Nous assistâmes à deux grands dîners, suivis de longues soirées intéressantes, chez M. Jugovitch et chez M. Ignazius, ce qui nous mit en contact avec tout le haut personnel de la ville ; mais l'œil du maître de l'Ingénieur en chef ne nous laissa pas endormir dans les fêtes, et il nous organisa, lui-même, un emploi du temps des mieux remplis. Nous fîmes avec lui, dans le grand centre d'activité de Harbine, un tour du propriétaire des plus instructifs; puis il nous confia à ses chefs de service, en leur donnant la mission de nous montrer par le détail, leurs travaux et leurs études. En un mot, il voulut nous émerveiller et il y réussit. En nous quittant, il nous disait : « Quand vous serez rentrés en France, parlez de ce que vous avez vu ; dites bien à tous, que nous travaillons activement, et que nous faisons de la bonne besogne. » Cette parole résume nos impressions, mieux que nous ne pourrions le faire nous-même.

Harbine est le nœud du chemin de fer ; c'est le point de jonction de la ligne ouest-est, qui aboutit à Vladivostock, avec la ligne nord-sud qui se termine à Port-Arthur.

Située à huit verstes seulement de la Soungari, jusque là facilement navigable, on a pu y débarquer du matériel, et travailler à la construction de la voie ferrée dans les trois directions du tracé ; cette disposition, d'où est venue toute son importance, justifie le choix qui a été fait de ce point, comme siège de l'administration centrale.

La ville abrite une population russe variant entre 5 000 et 6 000 personnes, et une population chinoise bien plus nombreuse encore ; mais elle est loin d'avoir l'aspect d'une capitale : il n'y a de construction un peu décorative que le pavillon servant de demeure à l'Ingénieur en chef et à son adjoint. Le reste des habitations est presque entièrement constitué par des maisons chinoises : ce sont de longs corps de bâtiment parallèles, ayant un rez de chaussée seulement; ils ont été blanchis extérieurement, et aménagés intérieurement à l'européenne, puis divisés par des séparations, en une quantité de petits logements. Cette partie chinoise a été complétée par des sortes de baraquements en bois ou en briques, également sans étage, et s'harmonisant parfaitement avec le reste comme coup d'œil d'ensemble.

Aussi la ville a-t-elle l'aspect d'un vaste camp militaire, et ses constructions longues, blanches et alignées, rappellent beaucoup celles que l'on voit dans nos polygones d'instruction et nos champs de tir d'artillerie : un camp de Châlons en pleine Mandchourie. Mais, ces baraquements peu décoratifs sont chauds et confortables, et ils répondent parfaitement à leur but, qui est de loger beaucoup de monde, seulement pendant la période des travaux de construction de la voie ferrée.

Harbine est un centre de travail, et non une ville de luxe ; on y trouve néanmoins une bibliothèque, un club civil, un cercle militaire, et même une salle de théâtre, où nous assistâmes à une représentation très réussie, donnée par des artistes amateurs. La garde du chemin de fer elle-même possède une petite musique militaire, qui fait le charme de la population. En un mot, on a cherché à rassembler tous les moyens de créer une petite vie de société, permettant à chacun d'occuper agréablement les loisirs que lui laisse son travail, et de mener une existence se rapprochant, le plus possible, de celle de la mère-patrie.

Tous les bureaux d'études et de comptabilité sont à Harbine même, mais les ateliers de construction sont situés au bord de la rivière, au point où le matériel peut être amené en bateau, et débarqué directement sur les chantiers ; cela a donc amené la création d'une nouvelle agglomération européenne, que l'on comprend dans la dénomination générale de

Harbine, mais que l'on désigne plus particulièrement par le nom de Soungari, ou, comme nous l'avons vu, de Soungari-premier. Entre la ville et les ateliers, distants de huit kilomètres, fonctionne un service régulier de trois trains par jour dans les deux sens, ce qui permet d'assurer les mouvements du nombreux personnel, qui se déplace entre ces deux points.

C'est tout auprès de Soungari que se trouve le point précis de jonction des trois grandes lignes ferrées; c'est déjà l'emplacement d'une gare très importante, possédant dix voies de garage, sur lesquelles on aperçoit quantité de matériel roulant.

Ce matériel, presque tout entier, a été monté dans les ateliers voisins, et un certain nombre de wagons y ont même été fabriqués de toutes pièces ; la moitié des locomotives en service, et quelques-unes seulement des voitures, sont arrivées terminées, sur les bateaux de la Soungari, mais tout le reste a été amené par pièces détachées, et monté sur place.

Afin de pouvoir utiliser des trains dans les trois directions de la pose, on a dû établir des chantiers sur les deux côtés de la rivière ; mais la partie de beaucoup la plus importante et la plus active est située sur la rive droite, du même côté que Harbine, et se raccorde avec les deux lignes de Vladivostock et de Port-Arthur; sur la rive gauche, se font le débarquement et le montage du matériel destiné à la ligne de Tsi-tsi-kar. Le pont qui établira la jonction de ce tronçon avec les deux autres, doit avoir 900 mètres de longueur ; il n'était encore qu'en projet au moment de notre passage, et la liaison était assurée au moyen d'un petit bateau à vapeur (1) et de chalands,

(1) Le bateau à vapeur en question est un produit de l'indus-

permettant de transporter, d'une rive sur l'autre, personnel et matériel.

Pendant les longs mois d'hiver cette liaison existe naturellement : on peut alors établir une voie ferrée sur la glace, et profiter de la saison pour effectuer les plus importants mouvements de matériel prévus.

Le montage des wagons et des locomotives n'est pas le travail exclusif de ces grands établissements ; on y voit représentées toutes les branches de l'industrie du fer et du bois. Ils travaillent non seulement pour les besoins immédiats du chemin de fer, mais aussi pour les bateaux de la Soungari et pour la construction d'une grande ville européenne, qui doit marquer le point central du chemin de fer de l'Est Chinois.

Les Russes espèrent, en effet, que le nœud de la ligne transmandchourienne, qui doit rester un centre administratif, deviendra, en même temps, un important marché, attirant le commerce du nord de la Mandchourie. Aussi ont-ils prévu, là comme à Dalgny, la création d'une grande ville européenne qui prendra le nom de Soungari. Elle ne sera pas placée immédiatement sur la berge de la rivière, qui présente des parties marécageuses, elle s'étagera sur les pentes d'une petite croupe, descendant d'un côté vers la cité de Harbine, de l'autre vers les ateliers. Ceux-ci lui formeraient ainsi une sorte de faubourg industriel, tandis que celle-là, perdant sa destination actuelle, deviendrait un camp occupé par des troupes russes.

trie française et sort des ateliers de la maison Satre de Lyon.

Cette maison a fourni, dans la région, tant pour les constructions de chemin de fer que pour les services de navigation fluviale, plusieurs bateaux, dragues, etc.

Des employés français ont été envoyés dans le pays, pour y diriger le montage de tout ce matériel.

En avril 1900, les travaux étaient commencés, et poussés avec une grande activité. Au point dominant du terrain, s'élevait une église presque achevée, et, partant de là, de grandes avenues rayonnantes étaient déjà tracées. Les constructions sortaient de terre de tous côtés : un vaste et luxueux hôpital était terminé, la gare commençait à dessiner de grands bâtiments, et partout, ouvriers russes et coolies chinois rivalisaient d'ardeur.

De nombreux logements d'ouvriers étaient déjà habités ; d'autres étaient en construction, et on les poussait, avec toute la rapidité possible, en vue d'un accroissement prévu du personnel. Ces maisons ouvrières peuvent abriter quatre petits ménages, ou six à huit employés célibataires ; elles ont un rez-de-chaussée et un étage ; quelques-unes sont en briques, mais la plupart sont construites entièrement en bois, à la façon des maisons sibériennes, et leurs murs sont formés de grandes poutres de sapin, superposées et jointives.

Ces dernières habitations sont très économiques, dans un pays où l'on trouve de beaux bois à profusion ; elles ont de plus l'avantage d'être très rapidement construites, et immédiatement habitables ; enfin on peut, par la suite, les entourer d'un recouvrement en briques, qui en fait des maisons à double paroi, chaudes en hiver et fraîches en été, tout à fait appropriées au climat excessif des régions sibériennes et mandchouriennes.

D'aussi vastes entreprises nécessitent des quantités considérables de matériaux. Les bois employés venaient des grandes forêts des environs de Girin, et arrivaient facilement à Harbine, en descendant la Soungari. Les briques et tuiles étaient fabriquées sur

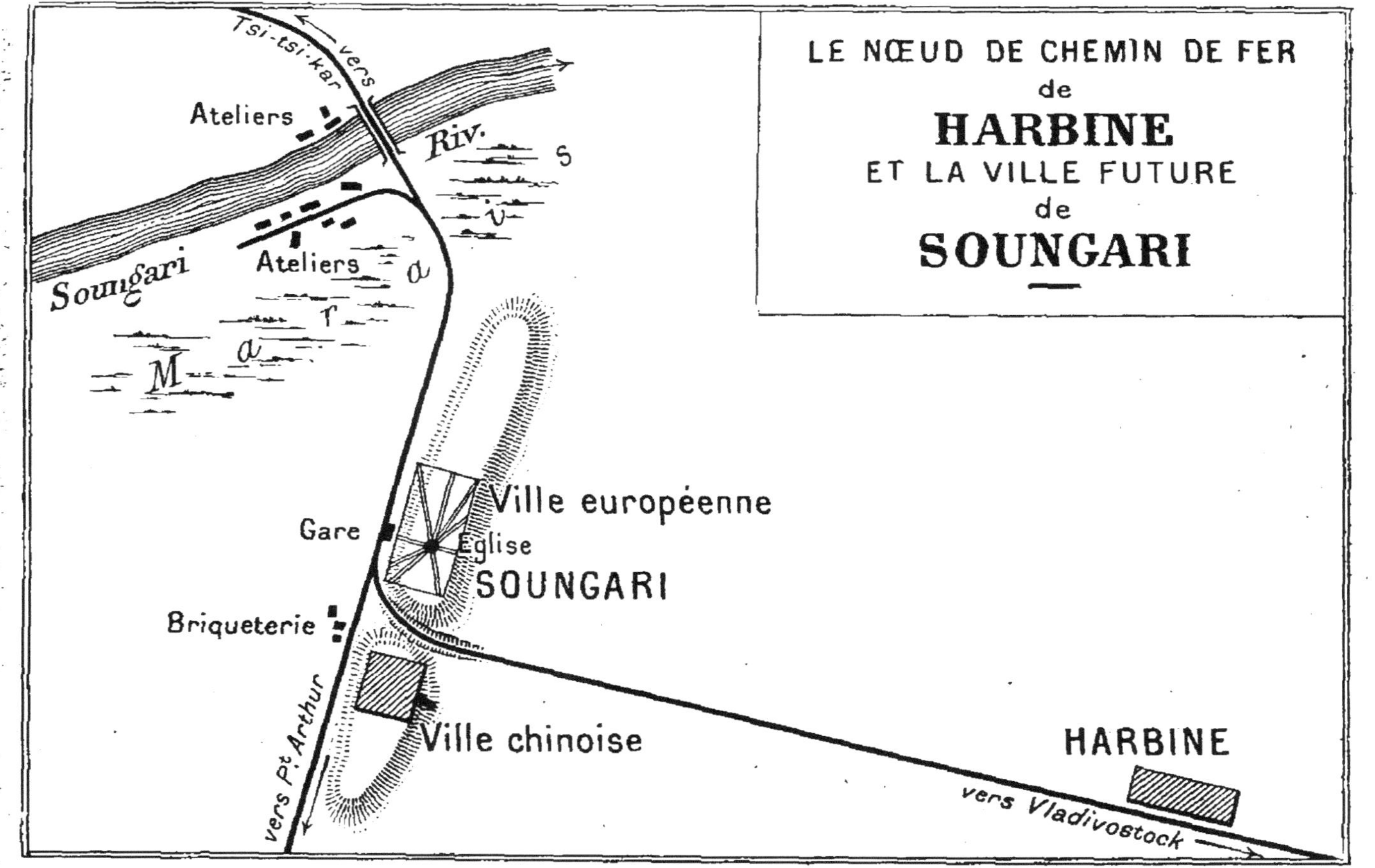
LE NŒUD DE CHEMIN DE FER
de
HARBINE
ET LA VILLE FUTURE
de
SOUNGARI
vers Tsi-tsi-kar
Ateliers
Riv.
Soungari
Ateliers
M a r a i s
Ville européenne
Gare
Église
SOUNGARI
Briqueterie
Ville chinoise
vers Pt. Arthur
HARBINE
vers Vladivostock

place, dans une briquetterie spécialement construite à cet effet; cette vaste usine, où l'on avait mis à profit tous les perfectionnements de la science moderne, fours continus, malaxeurs mécaniques, etc., fournis-

Construction d'une église russe entièrement en bois, à Soungari.

sait journellement de 15.000 à 20.000 briques. Ce chiffre était lui-même devenu insuffisant, et l'on travaillait à de nouvelles installations devant doubler la production.

Les constructions prévues pour l'année 1900, représentaient un total de 10.000 sajènes cubes de maçonnerie, soit près de 100.000 mètres cubes ; on peut, d'après cette donnée, se faire une idée de l'activité déployée, et de l'importance des travaux.

Là comme à Dalgny, les Russes font grandement les choses ; ils veulent une ville européenne, ils construisent une capitale, et ne reculent devant aucun sacrifice d'argent, pour assurer la réalisation de leurs projets.

A côté de l'autorité centrale russe, il existe à Harbine une représentation des autorités chinoises ; les vice-rois des trois provinces mandchoues délèguent des mandarins, pour les représenter auprès de l'Ingénieur en chef ; ces derniers constituent une sorte de comité, que M. Jugovitch appelle son Conseil des affaires extérieures, et qui se réunit périodiquement dans un coquet yamen chinois, situé à l'entrée de Harbine, sur la route venant de Soungari ; c'est là que se discutent toutes les grosses questions intéressant les deux partis : achats de terrains et de matériaux, expropriations, réquisitions de personnel et de moyens de transport... etc... La discussion revêt d'ailleurs une forme assez originale : il s'agit de faire admettre aux représentants chinois, l'interprétation la plus favorable à la Russie, de tel ou tel passage des conventions entre les deux gouvernements ; comme ces traités prennent, en passant d'une langue dans l'autre, une élasticité presque illimitée, on arrive à leur faire dire à peu près tout ce que l'on veut.

Ce conseil central n'exclut pas, d'ailleurs, les relations individuelles des ingénieurs avec les autorités locales, et beaucoup d'affaires sont conclues directement, sans en référer à Harbine. Partout se sont établies, entre les fonctionnaires russes et les mandarins, des relations empreintes, extérieurement du moins, d'une cordialité qui n'est pas habituelle entre Chinois et Européens; les Célestes se laissent-ils prendre à ces façons de faire quasi amicales? Il est fort probable qu'ils sont plus sensibles encore, aux cadeaux, souvent très riches, qui leur sont prodigués à toute occasion.

Il faut ajouter que les Russes, tout en paraissant rechercher les bonnes grâces des mandarins, savent aussi, à l'occasion, user d'autorité envers eux; la menace d'une plainte à la cour de Pékin, et quelquefois même, la simple présence de quelques cosaques, ont souvent fait céder les vice-rois eux-mêmes.

Mais tout ceci n'a plus qu'un intérêt rétrospectif : le grand soulèvement chinois a montré l'instabilité de ces relations, et le fond de haine pour l'étranger, qui se cachait sous des dehors aimables. Il n'est pas douteux, que le régime de la force ait pris actuellement, en Mandchourie, le rôle prépondérant, et que la présence des troupes y soit devenue le principal sinon le seul argument de discussion.

Cela nous amène à dire quelques mots de l'organisation des forces russes, qui étaient stationnées sur la ligne ferrée, avant les événements de Chine. La convention Cassini avait autorisé le gouvernement du tzar, à introduire en Mandchourie 5.000 hommes de troupe, pour la garde des travaux et la protection du personnel; on constitua donc une garde militaire du chemin de fer : cette troupe, toute spéciale, est à la disposition et à la solde du ministère des finances; sa tenue elle-même diffère de celle des troupes proprement dites : elle se rapproche de celle des cosaques de Transbaïkalie, mais ni les officiers ni les hommes ne portent les pattes d'épaule, qui sont générales dans l'armée russe. L'effectif était en avril 1900 de :

74 officiers, 19 sotnias de cosaques à 130 hommes, 8 compagnies d'infanterie à 250 hommes ; soit environ de 4.500 hommes.

Le commandement d'ensemble de ces forces a été donné à un colonel, résidant à Harbine et possédant l'autorité et les prérogatives d'un général de division (colonel Gerngross); quatre autres colonels, sous ses ordres, se partagent le service, et résident à Harbine pour la partie centrale de la voie, à Thie-ling pour le tronçon sud, à Tsi-tsi-kar pour le tronçon ouest, et à Ymem-po pour le tronçon est.

Les autres officiers sont répartis dans les différents postes de la ligne ; tous sont volontaires. Ils proviennent de toutes les armes, mais surtout de l'infanterie et des cosaques, et ils conservent la facilité de se faire reclasser dans leur arme d'origine. Ils ont été attirés par la perspective d'avantages pour leur avancement et aussi par une solde triple de celle qu'ils reçoivent en Russie.

Les hommes de troupe forment deux groupes bien distincts : les soldats d'infanterie sont d'anciens militaires, ayant terminé leur service, et venus s'engager comme volontaires en Mandchourie ; les cosaques au contraire sont en activité. Tous reçoivent leur nourriture et une solde de 20 roubles par mois (55 francs environ) ; cette somme est portée à 30 roubles (80 francs) pour les sous-officiers.

Soldats et cosaques sont échelonnés tout le long du tracé de la voie ; aux résidences des chefs de section se trouvent des postes d'une cinquantaine d'hommes ; entre ceux-ci, de petits détachements de 15 à 20 hommes occupent les lieux habités par les chefs de distance, ou les points importants à surveiller. Ils sont chargés de la garde et des escortes : celles-ci échoient plus directement aux cosaques, et celle-là aux soldats d'infanterie, mais il n'y a là rien d'absolu ; tous les fonctionnaires, tous les convois, sont escortés d'au moins deux hommes en armes : officiers et soldats, d'ailleurs, ne sortent jamais qu'armés.

De plus, les postes disposent d'un certain nombre de chevaux, et constituent ainsi des relais pour les voyageurs ayant de longs trajets à effectuer. Dans les régions où nous dûmes voyager à cheval, ces montures furent mises à notre disposition, et on verra plus loin qu'elles nous rendirent les plus grands services.

Cette force armée se trouva placée sous l'autorité administrative des ingénieurs ; cela ne put manquer d'amener des froissements. A Harbine même, il y avait scission presque complète entre l'élément civil et l'élément militaire, qui avaient leurs clubs séparés, et ne se fréquentaient que le moins possible ; dans beaucoup de postes, déjà, nous avions pu observer une froideur très marquée dans ces relations.

Beaucoup d'ingénieurs, trop confiants dans l'apparente sécurité du pays, nous dépeignaient comme très fâcheuse, la présence des troupes ; ils prétendaient que les soldats faisaient un usage trop facile de leurs knouts et même de leurs fusils, et que leur ivresse autoritaire, et complètement dépourvue de scrupules, avait suscité bien des difficultés avec les indigènes ; quelques-uns même allaient jusqu'à voir dans des actes de brutalité isolés, la cause de bien des soulèvements partiels.

Nous ne pouvons être complètement de cet avis ; s'il est indéniable que des abus aient été commis, il est non moins certain que ces troupes ont été un

Un petit poste cosaque sur le tracé de la voie ferrée.

appui sérieux pour l'influence russe ; elles ont étouffé dans l'œuf bien des commencements de révoltes, et évité bien des difficultés avec la population.

D'ailleurs, le soulèvement général a trouvé la garde du chemin de fer à son poste, et prête à recevoir le premier choc des forces chinoises ; elle a permis d'attendre l'arrivée des renforts, envoyés dans la province, et a sauvé de la destruction la majeure partie des travaux. De plus, elle a couvert la retraite du personnel technique, qui, sans elle, eût été impitoyablement massacré ; il est probable que cette dure expérience a dû, pour la suite, resserrer les liens entre tous, et donner un peu plus de faveur, et une nouvelle considération à l'élément militaire.

En quittant Harbine, trois grandes voies s'offraient à nous pour rejoindre la grande ligne sibérienne. Nous pouvions descendre en bateau la Soungari et gagner le fleuve Amour ; nous pouvions aussi suivre le tracé de la voie ferrée passant par Tsi-tsi-kar, et rejoindre, dans la région de Nertchinsk, la partie déjà exploitée du chemin de fer transsibérien ; enfin, le tronçon est de la ligne de Mandchourie pouvait nous conduire à Nikolsk et à Vladivostock. Cette dernière voie nous fut conseillée, comme devant être la plus intéressante.

Avant de nous engager dans cette nouvelle partie du voyage, nous consacrerons quelques lignes aux deux autres routes que nous venons d'indiquer.

La navigation de la Soungari est actuellement le moyen le plus rapide de gagner Vladivostock : on descend la rivière jusqu'à son confluent avec l'Amour, ce qui représente un trajet de 655 verstes ; puis 241 verstes, en descendant le fleuve, conduisent à Khabarosk, au confluent de l'Oussouri. On peut alors prendre le chemin de fer de l'Oussouri, qui aboutit à Vladivostock après un parcours de 800 kilomètres environ. Il faut compter pour cela huit jours de navigation et deux journées de chemin de fer.

C'est cette voie qui a été suivie, en sens inverse, par tout le matériel de l'Est Chinois, débarqué à Vladivostock, et transporté à Harbine ; une partie de ce matériel a même pu remonter, en bateau, jusqu'à Soungari-second, au deuxième passage de la rivière par la voie ferrée. Ces mouvements importants ont fait créer un vaste chantier de dépôt à Laka-sou, près du confluent de la Soungari et de l'Amour.

Cette navigation et l'existence même de Harbine sont deux choses corrélatives ; c'est, en effet, la création de ce grand centre, d'une importance toujours croissante, qui a nécessité tous les mouvements de personnel et de matériel ; mais c'est aussi la possibilité de relier ce point à Vladivostock, en utilisant une voie navigable, qui l'a fait choisir comme centre des travaux.

La liaison ainsi établie a le très gros inconvénient d'être interrompue par les glaces, pendant près de six mois de l'année, et l'on doit déplorer, sur toute la ligne, un sérieux ralentissement des travaux, pendant la longue période d'hiver. Aussi la navigation atteint toute son importance dès les derniers jours d'avril, et nous pûmes en juger en voyant s'ouvrir la saison de 1900.

Une dizaine de remorqueurs, et une soixantaine de grands chalands métalliques, sont utilisés pour les transports du matériel de chemin de fer; vingt bateaux à vapeur, permettant d'obtenir deux et quelquefois trois départs par semaine, assurent le service des voyageurs. Tous ces mouvements, qui commencent aux premiers jours après le dégel de la rivière, se continuent sans interruption, et avec une activité toujours croissante, jusqu'aux premières glaces de l'année suivante.

Parmi ces bateaux, deux sont de provenance française, dix-sept de provenance anglaise, et un seulement de provenance russe; quant aux remorqueurs, ils viennent de France, d'Amérique et de Russie. C'est dans les vastes ateliers d'Iman que tout ce matériel a été monté, et que les chalands ont été construits.

Iman est situé sur l'Oussouri, à 380 verstes de son confluent; au moment de la construction du chemin de fer de Vladivostock à Khabarosk, on y établit les chantiers de montage et les ateliers métallurgiques. Loin de disparaître, à l'achèvement de la ligne, ces vastes établissements devinrent une sorte d'arsenal pour toute la flottille de navigation fluviale de la région ; ils prirent enfin un nouvel essor au moment de la construction de l'Est Chinois. Ils étaient, en effet, en liaison directe, par l'Oussouri, l'Amour et la Soungari, avec le centre même des travaux du chemin de fer, et on put faire appel à leurs ressources et à leur outillage, non seulement pour les bateaux dont nous venons de parler, mais encore pour la construction des wagons et le montage des locomotives.

Il va sans dire que le service de navigation de la Soungari est une partie intégrante de la grande administration du chemin de fer ; mais ce n'est qu'une branche particulière de cette entreprise colossale, relevant comme tout le reste de l'autorité de l'Ingénieur en chef.

En nous dirigeant de Harbine vers Vladivostock, nous laissons derrière nous la grande ligne de Tsi-tsi-kar : c'est la partie la plus longue et la plus difficile à construire de tout le chemin de fer de Mandchourie ; aussi est-ce également la moins avancée comme travail.

Elle quitte Harbine en prenant une direction sensiblement nord-ouest ; elle laisse à une vingtaine de verstes au nord, la ville de Tsi-tsi-kar, capitale de la province, et traverse la Nonni, un très gros affluent de la Soungari. Elle s'engage ensuite, pendant près de 300 verstes, dans le massif montagneux du Grand Khine-gan, où elle doit s'élever parfois à plus de 1 000 mètres d'altitude ; puis elle redescend vers la grande préfecture chinoise de Kaï-lar, suit la vallée de la rivière du même nom, pour arriver au passage de l'Argoun, où son altitude n'est plus que de 550 mètres ; elle atteint alors la frontière de Sibérie auprès de Nagadan.

Ce tracé représente un développement de 980 verstes ; au printemps de 1900, 280 verstes de voie seulement étaient posées, de Harbine vers l'ouest, ce qui amenait la tête de pose à peu près à hauteur de Tsi-tsi-kar. Les dernières études, et les premiers travaux de terrassement, étaient poussés avec activité sur toute la longueur du parcours. Ce tronçon du chemin de fer mandchourien présente de grandes difficultés de construction ; il n'est nullement comparable, à cet égard, à la ligne de Port-Arthur, qui, presque toute entière, se déroule en plaine, ou suit de grandes vallées. Les ponts, qui doivent avoir 600 mètres sur la Nonni, et 900 sur la Soungari ne sont encore qu'en projet ; de telles longueurs imposent des ouvrages d'art sérieux et de longue haleine.

Mais ce qui paraît préoccuper surtout les ingénieurs, c'est la traversée de la montagne ; les Russes semblent, en effet, considérer le plus grand pont, comme une besogne moins difficile que le moindre tunnel. Cela s'explique facilement par la nature même de la plupart de leurs voies ferrées ; ils ont traversé hardiment les grands fleuves de Russie et de Sibérie, mais, jusqu'à la construction de leur chemin de fer du Caucase, ils ne s'étaient jamais attaqués sérieusement à la montagne.

Le passage du Grand Khine-gan nécessite la construction d'un tunnel de 3 verstes de longueur, et des artifices sans nombre pour le développement de la voie. On nous signalait entr'autres, au sortir du tunnel, un point très curieux du tracé : la ligne y dessine une boucle complète, et, au point de croisement, la voie supérieure doit passer sur un pont, dominant de 20 mètres la branche inférieure.

Tous ces grands travaux ne sont prévus que pour la ligne définitive ; la voie provisoire, à laquelle on travaille en ce moment, les évite, ainsi que tous les terrassements un peu considérables, au moyen de rebroussements à l'américaine.

A ces difficultés inhérentes au tracé, vient s'ajouter l'absence presque totale de main-d'œuvre dans le pays. La Mandchourie occidentale n'offre qu'une population très disséminée ; la région montagneuse est presque complètement sauvage, et était absolument inexplorée, avant les premières études de chemin de fer. C'est donc là, surtout, que l'on a dû faire arriver de nombreuses équipes de travailleurs venant du sud ; l'installation et le ravitaillement de tout le personnel, dans un pays quasi inhabité, ont été difficiles, et toutes ces causes se sont ajoutées les unes aux autres, pour retarder la marche des travaux.

Enfin, sur toute cette longueur, de près de 1000 kilomètres, on ne peut faire arriver le matériel que par

Harbine; on ne dispose donc que d'un seul chantier d'avancement, alors que l'on en possède quatre sur la ligne du sud, où Port-Arthur et Nioutchouang servent de points de débarquement.

Aussi, d'après les prévisions dont nous firent part les ingénieurs, on ne comptait que pour juillet 1901 sur la jonction de Harbine au transsibérien, tandis que l'on prévoyait pour novembre 1900, la liaison complète, sur tout le tracé Vladivostock, Harbine, Port-Arthur. Toutes ces dates d'ailleurs auront été reculées par les derniers événements de Chine.

A la frontière de Sibérie, la ligne passe en territoire russe et va rejoindre près de la station de Kaïdalovskoe, la section transbaïkalienne du transsibérien. Ce sont encore 270 verstes de voie ferrée, mais qui ne font pas partie de l'Est Chinois.

L'administration et le personnel du chemin de fer de Transbaïkalie en poussent activement la construction; le matériel arrive de Russie en chemin de fer, et l'on travaille à l'avancement, dans la direction de la frontière. En allant de Strétensk au Baïkal, on aperçoit, au point de bifurcation, la ligne nouvelle se dirigeant vers le sud-est, et passant l'Ingoda sur un magnifique pont en fer, déjà terminé.

L'achèvement de cette ligne est attendu avec impatience à Harbine; elle permettra, en effet, l'arrivée du matériel jusqu'à la frontière; on pourra alors partir de là, à la rencontre de la voie déjà posée, et on doublera la rapidité des travaux sur la ligne mandchourienne.

Nous renonçâmes à effectuer ce trajet par Tsi-tsi-kar, qui nous eût ramenés directement au lac Baïkal, laissant complètement de côté toute la Sibérie orientale. Les riches provinces de l'Amour, avec leur port de Vladivostock et leur chemin de fer de l'Oussouri, puis la navigation du grand fleuve pour rejoindre la ligne transsibérienne, nous attirèrent sur la partie est du chemin de fer de Mandchourie; l'état d'avancement des travaux devait en faire, d'ailleurs, un terrain d'étude bien plus intéressant que la partie opposée.

C'est donc dans cette direction que nous continuâmes notre voyage.

IX

De Harbine à Lao-lin en chemin de fer. — De Lao-lin à Moureigne à cheval et en voiture : inondations, incidents de route. — De Moureigne à Sélen-hé en drézine : réceptions et divertissements chez les cosaques. — De Selen-hé à la frontière à Po-Granitchna.

De Harbine à la frontière des provinces de l'Amour, la ligne se développe sur une longueur de 530 verstes. Les travaux ont pu être commencés par les deux extrémités; aussi pouvions-nous effectuer d'abord un trajet de 250 verstes en chemin de fer, puis, après une interruption de 175 verstes, nous retrouvions la voie ferrée.

Notre départ fut organisé, dans les moindres détails, par l'Ingénieur en chef lui-même, et rien ne fut oublié. Il nous donna un jeune domestique chinois, répondant au nom russe de Vaska ; ce dernier avait accompagné M. Jugovitch, dans toute sa première mission d'exploration en Mandchourie, et était resté depuis lors à son service; connaissant le pays et parlant bien le russe, il devait nous suivre jusqu'à Vladivostock, et être pour nous un précieux auxiliaire.

Le wagon mis à notre disposition, était aménagé avec tout le confort possible : un grand salon vitré donnait des vues sur toute la campagne, tandis que de petits coupés aux moelleuses banquettes devaient nous servir de chambres à coucher. Enfin, au moment du départ, montait dans la voiture un maître d'hôtel dont nous avions pu à Harbine apprécier les talents culinaires ; il était lui-même accompagné d'un domestique, et ils amenaient avec eux tout un matériel de cuisine, et tout un chargement de vivres et de flacons. Quel contraste avec le miséreux petit Chinois, qui courait nous chercher de l'eau chaude, pendant le trajet de Port-Arthur à Thie-ling.

De plus, les postes de la ligne ont été prévenus de notre départ, et des ordres ont été donnés partout, pour faciliter notre voyage. Nous sommes vraiment touchés de toutes ces attentions.

C'est le mardi 2 mai, vers huit heures et demie du matin, que nous nous mettons en route; nous avons deux charmants compagnons de voyage : un ingénieur rejoignant son poste, et un jeune employé de l'administration, qui, parlant très bien le français, a été chargé de nous accompagner jusqu'au terminus de la ligne.

Les environs de Harbine sont plats et dénudés, et le temps gris et pluvieux nous les fait paraître plus tristes encore; au bout de 25 verstes, on arrive à la ville chinoise de Ache-heu, et la nature commence à changer d'aspect. Le pays devient de plus en plus montagneux et boisé; la ligne s'élève dans des tranchées profondes, bordée sur presque tout son parcours par d'immenses coupes de bois; de loin en loin, elle traverse au contraire des régions marécageuses, où la voie a dû être légèrement élevée au-dessus du sol.

Après une station importante à Mao-chan, on s'engage dans la grande forêt, et la ligne commence l'ascension du massif montagneux du Petit Khinegan. Ce massif sépare la Soungari de la rivière Hourka ou Moudanziahn qui passe à Ningouta; la voie ferrée, partie de Harbine à 150 mètres d'altitude, y atteint une hauteur de 600 mètres, pour redescendre ensuite à 300 mètres dans la vallée de la Moudanziahn.

Après avoir commencé cette ascension, nous arrivons dans la nuit, à Ymem-po à 150 verstes de Harbine. Le lendemain nous nous éveillons dans un site merveilleux, en pleine forêt sibérienne; les pins et les mélèzes, ces géants des forêts du nord, forment un fond de tableau vert sombre, sur lequel tranchent les lignes blanches des bouleaux; une petite rivière, la Mai-ho, serpente au milieu de cette riche végétation et, coquettement disposé sur ses bords, se trouve le poste de Ymem-po : quelques maisons en briques, d'autres en bois, décorées de boiseries découpées et ajourées, véritables chalets suisses, lui donnent une ressemblance avec les plus coquets et les plus pittoresques villages alpestres.

C'est là que réside l'ingénieur, chef de cette section de la voie; nous dûmes faire chez lui une longue station, et ce n'est qu'à cinq heures du soir que notre train continuait sa route.

La ligne traverse deux fois la rivière, puis remonte la vallée; la forêt devient de plus en plus fourrée; on aperçoit, sur tout le parcours, de grands chantiers de coupe, où travaille toute une armée de bûcherons chinois; ceux-ci habitent sur leurs chantiers même, dans des huttes de bois et de branchages des plus originales.

La voie ferrée s'accroche ensuite aux flancs presque à pic de la montagne; on traverse toute une région de grands terrassements et de beaux travaux dans le roc, pour arriver à Vé-sou-ché, où nous nous arrêtons vers sept heures du soir.

Quel n'est pas notre étonnement de trouver dans ce poste, perdu en pleine forêt, et complètement isolé, tout un luxe européen. Un aimable chef de distance et sa femme, tous deux parlant très bien français, nous y donnent un véritable concert : un piano, (arrivé là, Dieu sait comme, avant la construction de la ligne) et un violoncelle nous charment pendant une longue soirée, ainsi que de nombreux morceaux d'opéras français ou de musique russe délicieusement chantés par nos hôtes. Le contraste entre notre vie de voyageurs, la nature sauvage du pays, et le charme de ce petit intérieur, fait ressortir encore l'agrément de cette charmante réception.

Notre troisième étape n'a que 52 verstes, que nous devons encore parcourir en chemin de fer ; mais le mécanicien qui nous conduit hésite fort à s'engager sur ce trajet : les courbes et les rampes sont pénibles, et l'état encore bien sommaire de la voie lui donne des craintes pour sa machine et pour son train. Il faut l'autorité de l'ingénieur, voyageant avec nous, pour nous mettre en route.

Après une heure de marche très lente, notre voiture sort des rails et roule sur les traverses ; il faut abandonner le train ainsi déraillé et recourir à deux drézines, qui, par mesure de prudence, sont transportées derrière nous, sur un wagon plate-forme.

C'est avec ce moyen de locomotion que nous gagnons la station de Chi-ta-heuse.

L'extrémité de la voie posée est encore à 24 verstes, et l'on veut absolument que nous y arrivions en chemin de fer ; nous montons sur un wagon à matériel, et une locomotive légère nous emmène sur ce dernier tronçon de la ligne.

La forêt est magnifique, mais la voie est plus que

provisoire, simplement posée sur le sol, au milieu des déboisements, et encore encombrée de souches et de troncs d'arbres; plusieurs fois nous nous arrêtons et l'on doit couper quelques-unes de ces souches, trop hautes pour permettre le passage du train, qui est le premier arrivant jusqu'ici.

Ce voyage en chemin de fer, en frayant sa route à la hache, est plutôt original; mais le résultat est atteint, nous sommes à Lao-lin, le terminus de la voie.

Lao-lin est à 600 mètres d'altitude; c'est le point culminant de toute la ligne de Harbine vers l'est. Depuis cette dernière ville, la voie s'élève de 150 à 600 mètres sur un trajet de 250 verstes; cette montée, très rapide depuis Ymem-po, et surtout depuis Chi-ta-heuse, a causé bien des difficultés, et les études en ont été très laborieuses; l'ingénieur venu avec nous jusque-là, doit étudier une cinquième variante de cette partie du tracé, pour améliorer encore, si possible, ce passage délicat, sur la ligne ferrée définitive.

Le chef de distance est un grand Don Quichotte qui malheureusement ne sait pas un mot de français; il charme ses loisirs aux accords d'une boîte à musique qu'il ne cesse de nous faire entendre et admirer. Son poste est des plus sauvages : quelques maisons en bois, accolées à la montagne, en pleine forêt, sur un espace à peine défriché; c'est là que nous passons la nuit, sur des lits improvisés au moyen de tréteaux et de planches.

Nous espérions franchir en voiture l'interruption de 175 verstes, qui nous sépare de l'autre extrémité de la voie ferrée; mais, le dégel et les fortes pluies des jours derniers ont rendu la route absolument impraticable ; nous devons voyager à cheval, et faire porter nos bagages à dos de coolies.

Des petits chevaux de cosaques nous sont amenés, et nous partons, accompagnés du chef de distance, qui doit nous conduire jusqu'à Han-ta-heuse, le prochain poste. L'étape n'est que de vingt-cinq verstes mais le chemin impossible : c'est un amas de boue liquide, dans laquelle nos chevaux enfoncent jusqu'aux jarrets et quelquefois jusqu'au poitrail ; ce n'est donc qu'à une allure très lente, fatigante pour nous et nos montures, que nous pouvons avancer. Nous dépassons notre convoi de bagages : conduits par Vaska, les coolies pataugent péniblement, et sont couverts de boue.

Le chemin a été construit par le personnel du chemin de fer, le long du tracé de la ligne ; il se déroule dans un site merveilleux de montagnes et de forêts ; nous traversons encore de vastes coupes de bois, où l'on aperçoit, au milieu des huttes des coolies chinois, les habitations des surveillants russes ; nous faisons halte dans quelques-unes, où l'on nous reçoit fort aimablement, et où l'on nous offre comme régal... de la viande d'ours fumée.

Partout se rencontre l'inévitable boîte à musique, que notre guide découvre au premier coup d'œil, et met en marche sans tarder ; nous retrouverons d'ailleurs ces instruments sur toute notre route : c'est à croire que l'administration elle-même les a fait distribuer, pour développer le sens musical de son personnel.

Après une descente sérieuse, où nos chevaux glissent à tous les pas, nous arrivons dans un fond de vallée à Han-ta-heuse ; il est 5 heures et demie et nous avons mis plus de sept heures pour parcourir 25 kilo-

Prise d'eau pour la machine, dans la traversée de la forêt de Lao-lin.

mètres; cela peut donner, mieux que toute description, une idée de l'état du chemin.

Le poste paraît important : ses maisons, toujours en bois, sont grandes et nombreuses; une petite rivière le traverse, mettant un peu de vie, dans ce grand paysage de forêt. Situé au fond d'une vallée encaissée, il est, au moment des pluies, envahi par l'eau et la boue, aussi a-t-on dû y installer des trottoirs en bois du genre de ceux des villes de Sibérie. Ces chemins en planches, surélevés de cinquante centimètres à un mètre au-dessus du sol, relient les unes aux autres toutes les habitations, et donnent au village un aspect très original.

Nous recevons là encore une hospitalité fort agréable et nous sommes l'objet de démonstrations amicales exubérantes.

Le lendemain nous devons nous mettre en route, toujours à cheval, sous une pluie battante, enveloppés tant bien que mal dans d'immenses manteaux de cosaques. Nous suivons toute une ligne de terrassements construits pour la voie ferrée, et, à 6 verstes de Han-ta-heuse, nous voyons les travaux d'une tranchée dans le roc, qui doit atteindre 15 mètres de profondeur et 65 mètres de long; puis nous quittons la grande forêt et nous continuons à descendre, en traversant une série de vallées et de marécages.

Le chemin est toujours très mauvais, et la pluie ne cesse de tomber; nous ne trouvons comme abri qu'un petit poste de garde, où nous faisons halte quelques instants, et nous arrivons enfin à Chan-chi, le terme de notre étape.

Nous trouvons là un conducteur de travaux qui ne comprend pas du tout le français, mais qui nous reçoit à bras ouverts; sa femme et lui sont aux petits soins pour nous : nous mettons à profit, pour nous sécher un peu, ses effets personnels, et même une partie des vêtements chinois de son interprète.

Puis la conversation s'engage d'une façon vraiment amusante : le capitaine de Lacoste, rappelant ses souvenirs de langue chinoise, cause avec l'interprète qui traduit en russe, puis bientôt, notre hôte lui-même se met à jargonner quelques mots de chinois, avec force gestes, et tout le monde se comprend dans ce mélange franco-russo-chinois, véritable évocation de la tour de Babel.

Au réveil, encore la pluie ; nous essaierons néanmoins de faire une courte étape de 25 verstes, pour atteindre Hai-lin ; nos bagages, qui étaient partis la veille sur un chariot russe, sont arrivés dans la nuit, et sont remis en route dès le matin, sous la conduite d'un cosaque. A cheval, nous sommes assaillis par des rafales de vent et de pluie glaciale, et la marche devient si pénible, que nous devons nous réfugier dans une maison chinoise, isolée dans la campagne.

Trempés et gelés, nous maudissons le mauvais temps, lorsque Vaska réveille notre bonne humeur. Nous le voyons s'approcher de nous, en souriant de son air de Chinois rusé, et tirer de sa poche un fond de bouteille de mauvaise eau-de-vie russe, à laquelle nous nous empressons de faire honneur ; notre cosaque, lui-même, témoigne son contentement par un long discours, dont nous ne comprenons que la mimique expressive.

Nous faisons de nouveau quelques kilomètres, dans un pays légèrement mamelonné, aux collines rasées et couvertes seulement d'une très courte végétation ; puis nous arrivons à un village chinois appelé Ho-to, où nous sommes absolument arrêtés par l'inondation. Le chariot portant nos bagages nous a précédés, mais il ne peut traverser une mare large et profonde, qui coupe complètement la route; nous-mêmes ne pouvons songer à nous y engager à cheval, et les essais des cosaques pour atteindre l'autre rive sont infructueux.

Nous ne sommes plus qu'à 7 verstes d'Hai-lin, mais nous devons attendre pour continuer notre chemin, que les eaux se soient en partie retirées. Il faut donc nous installer le moins mal possible dans une maison chinoise, pour y passer la nuit; Vaska, faisant appel à nos conserves, improvise un dîner, et nous nous étendons sur le khan, avec toute la famille de nos hôtes.

C'était la première nuit que nous passions chez des Chinois avec des soldats russes, et nous fûmes étonnés de la façon rigoureuse et militaire, dont ces derniers assurent le service des escortes. Les deux hommes qui se trouvaient avec nous, et qui avaient peiné sous la pluie depuis le matin, firent une garde effective pendant toute la nuit; conservant de la lumière dans la maison, ils se relayèrent pour veiller, le fusil à la main, jusqu'au jour. La consigne est dure, mais elle est observée, même en dehors de tout contrôle.

Le lendemain, l'inondation n'a pas diminué; nous faisons organiser un radeau, soutenu par des pirogues, pour passer notre chariot. L'opération est laborieuse et amène des difficultés entre les habitants du village et les cosaques, qui n'hésitent pas à mettre baïonnette au canon; Vaska, suivant le mouvement, s'empare d'une de nos carabines, et nous arrivons heureusement à temps, pour tout faire rentrer dans le calme.

Nous traversons, à notre tour, dans une pirogue,

La traversée de la Moudanziahn. Il faut une manœuvre d'embarquement, pénible pour installer sur le bac les chevaux et les voitures.

le terrain inondé, et nos chevaux suivent à la nage; une bonne route nous conduit à la rivière de Hai-lin, un bac nous dépose sur la rive opposée et nous arrivons au poste de l'ingénieur, qui nous offre une cordiale hospitalité.

Les nouvelles sont mauvaises, les postes voisins signalent par le téléphone, de fortes inondations dans toute la région; cela nous fait présager de nouvelles difficultés.

Nous quittons Hai-lin, non plus à cheval, mais dans un chariot russe, suivis par nos bagages. Sur tout notre parcours, de nombreuses équipes de coolies coréens travaillent aux terrassements de la ligne; celle-ci descend une large vallée, en serpentant à flanc de coteau. La route, qui est en contre-bas de la voie, devient marécageuse et finalement inondée; nos cochers s'engagent dans l'eau, mais bientôt les chevaux en ont jusqu'aux épaules, et le fond des voitures est complètement noyé. Les coolies voisins, appelés à la rescousse, nous tirent de ce mauvais pas en nous portant sur leurs épaules, et, après deux heures d'efforts, amènent nos chariots sur la terre ferme; il fallut pour cela dételer les chevaux et décharger les véhicules.

Après cet accroc, nous marchons sans encombre et nous arrivons vers quatre heures au bord de la Moudanziahn, une grande rivière de 400 mètres de largeur.

Un immense bac est prêt à passer sur l'autre rive, mais, la berge étant escarpée, il faut toute une manœuvre d'embarquement pour y installer nos voitures. Le bateau contenait déjà de nombreux Chinois avant notre arrivée, et il se met en route emmenant quatre chariots, deux bœufs, onze chevaux et une quarantaine de personnes.

Une petite pagode, près du poste de Moudanziahn.

Après avoir dérivé fortement au courant, nous débarquons auprès de la petite ville chinoise de Hé-ko; c'est une ville de garnison, et l'on aperçoit sur la hauteur voisine, toute une organisation fortifiée. Le poste russe de Moudanziahn est situé au bord de la rivière à 12 verstes en aval; mais la route qui y conduit est complètement inondée et impraticable. Un interprète chinois a été envoyé là pour nous arrêter au passage, et il nous annonce l'arrivée d'un bateau, qui doit nous conduire à la station; nous l'attendons vainement, et nous ne voyons arriver qu'un superbe orage, qui nous force à nous réfugier dans l'auberge voisine; nous y passons la dernière nuit où nous devions dormir sur le khan chinois.

Deux grandes pirogues jumelées nous emmènent le lendemain matin, et nous descendons au fil de l'eau jusqu'à la station russe. C'est là que la ligne doit traverser la rivière Moudanziahn, ou Hourka, à 40 verstes environ en aval de la grande préfecture chinoise de Ningouta. Le pont à construire aura 400 mètres de long; il présente de grandes difficultés d'exécution, en raison de l'escarpement de la rive droite en ce point, et de la grande hauteur de la voie au-dessus de l'eau.

Impossible de continuer immédiatement notre route, car la région marécageuse que nous devons traverser, est devenue impraticable; des cosaques, envoyés en reconnaissance, ont été arrêtés par l'inondation. Nous passons donc toute la journée au poste de Moudanziahn; le jeune ingénieur chargé de la construction du pont, le lieutenant du poste de garde et sa femme, un charmant petit ménage, nous y comblent d'amabilités. Nous visitons dans tous leurs détails les vastes dépôts de matériaux, et les premiers chantiers de construction : on y travaille activement, mais la mauvaise saison du dégel et des grandes pluies a ralenti beaucoup les travaux.

Le temps s'est mis au beau, et le soleil se décide à se montrer; nous avons une journée superbe, qui nous fait espérer des chemins possibles, pour le lendemain.

Dans la soirée, on signale l'arrivée d'un voyageur : c'est le prince Hilkoff, un fils du ministre des voies et communications de Russie, qui est l'un des commissaires délégués aux expropriations de terrains. Il vient de faire, en sens inverse, notre prochaine étape, et il a rencontré de très grandes difficultés de passage en certains points; mais les eaux commencent à baisser rapidement, et, depuis le matin, le pays a déjà complètement changé d'aspect.

Le lendemain, nous nous mettons en route à cheval; ces petits chevaux de cosaques sont excellents, très solides, très rustiques, et pleins de cœur pour sortir d'un mauvais pas. Originaires de Mongolie et de Transbaïkalie, ils sont un peu plus grands que le vulgaire cheval chinois; mais ils sont surtout plus distingués, et nous en avons vus que l'on pourrait même qualifier d'élégants.

En revanche, leur harnachement est bien désagréable : une selle très rembourrée, mais très haute, qui fait monter très loin du cheval et droit sur l'enfourchure, n'est pas conforme à nos habitudes, et l'on s'y trouve difficilement à son aise.

L'ingénieur et le lieutenant de Moudanziahn nous accompagnent et la route se fait très gaîment; nous trouvons des passages difficiles et marécageux, qui, plusieurs fois, sont marqués par la chute de l'une ou de l'autre de nos montures; puis nous devons traverser des ruisseaux, très grossis par la crue, où nous sommes trempés jusqu'aux cuisses ; mais cela n'enlève rien de la bonne humeur générale.

Enfin, un orage devenant menaçant, et la pluie commençant à tomber, l'étape se termine par un véritable rallye dans la boue, qui nous amène, à trois heures après-midi, au poste de Mo-da-ché. C'est une station importante, résidence d'un chef de section ; elle a tout à fait l'allure d'un village sibérien avec ses nombreuses constructions en bois, s'étageant, accrochées au flanc de la montagne.

Nous rencontrons là encore, un commissaire de l'expropriation : c'est M. Jugovitch, le neveu de l'ingénieur en chef ; sa rencontre et celle du prince Hilkoff nous portent à croire que ces fonctions de commissaire, à en juger par ceux qui les remplissent, ont été enviées et demandées. Il est accompagné d'un Chinois interprète français, qui nous tient une longue conversation, dans un langage presque élégant, qu'il a appris chez les missionnaires. Le manque de Chinois, sachant le russe a obligé beaucoup d'ingénieurs et de fonctionnaires, à prendre des interprètes parlant notre langue ; c'est un fait assez curieux que nous avons déjà plusieurs fois observé.

Toute la section de Mo-da-ché est très en retard comme avancement des travaux ; cela tient en partie, à cette longue période d'inondations, qui rend tout travail impossible, immobilise tout le personnel et qui, déjà en 1899, a gêné considérablement les études. Mais ce retard doit être imputé surtout aux difficultés inhérentes à la nature des terrains traversés. La voie y passe par une succession constante de parties montagneuses et de bas-fonds marécageux. Dans la montagne on se heurte à des travaux importants dans le roc, dans le marais, au contraire, il faut surélever la voie

Chantier de scieurs de long chinois débitant des traverses pour le chemin de fer.

et lui constituer toute une infrastructure, au moyen de pierres et de terre rapportées d'autres régions. Ce sont là des travaux de longue haleine, qui justifient un retard apparent dans la construction.

A l'est du poste, et toujours sur la zône dépendant de la section, le tracé est encore plus tourmenté et les travaux plus difficiles ; la ligne remonte la vallée de la rivière de Mo-da-ché, pour redescendre à Moureigne, sur un cours d'eau du même nom, affluent de l'Oussouri. La voie serpente et se développe par des circuits sans nombre, pour gagner de la hauteur, et aussi pour éviter les parties marécageuses de terrain.

Auprès de la station intermédiaire de Taï-ma-go, elle doit passer un tunnel de 350 mètres de longueur, et, un peu plus loin encore, un autre de 220 mètres ; ce sont, avec celui du Grand Khine-gan, les seuls tunnels de toute la ligne ; inutile de dire que la voie provisoire les évitera par des rebroussements.

Quittant Mo-da-ché en chariot russe, nous évitons tous ces détours du tracé, en prenant une route chinoise, qui coupe droit la crête montagneuse. Nous retrouvons la grande forêt, mais beaucoup moins sauvage et grandiose que celle des montagnes de Laolin ; nous apercevons de loin, la station de Taï-ma-go, puis bientôt, dans un fond de vallée encaissée, le poste de Moureigne ; nous y arrivons après une descente très rapide, ayant parcouru une étape de 45 verstes.

Nous devons retrouver là la tête du chantier de pose venant de l'est ; nous sommes au 12 mai, et depuis huit jours nous voyageons dans la boue et sous la pluie, à cheval et en voiture. Aussi nous réjouissons-nous de retrouver la voie ferrée, qui nous promet des moyens de locomotion plus rapides et... moins humides.

La réception qui nous a été préparée est aussi originale qu'inattendue; dès notre arrivée, le chef de distance, un brave conducteur de travaux, se précipite au-devant de nous : il ne sait pas un mot de français, mais il exprime toute sa joie en pressant vivement ses deux mains sur son cœur. Nous apercevons alors la garde militaire, sous les ordres de son lieutenant, rangée en grande tenue et sous les armes, devant la porte du poste : d'un côté les soldats armés du fusil, de l'autre les cosaques présentant le sabre. Ce sont trente gaillards, tous beaux hommes, portant de longues barbes qui complètent leurs grands bonnets à poil, pour leur donner un air farouche; à notre approche, ils poussent des hourras sonores, et nous devons les remercier avec trois mots de russe que nous apprend leur officier.

En tenue de voyage, et crottés comme nous l'étions après chaque étape, nous sommes honteux d'une réception si décorative, aussi dès l'arrivée de nos bagages, nous revêtons une tenue militaire, pour aller de nouveau remercier ces braves gens; leurs hourras recommencent alors à n'en plus finir.

Le lieutenant, croyant nous offrir une réjouissance, a organisé une grande promenade à cheval; en plein voyage, et, après une étape, elle est assez peu de circonstance, mais nos efforts discrets pour l'éviter, ne font que confirmer davantage notre hôte dans sa décision. Des chevaux brossés et peignés nous sont amenés, et, suivis des trois plus beaux cavaliers du poste, nous nous rendons dans une vallée coquette, dont les flancs escarpés sont couverts d'une belle végétation. Rentrés en pleine nuit, nous faisons honneur à un copieux repas, et nous songeons à prendre un peu de repos.

Notre départ est marqué par les mêmes manifestations bruyantes que notre arrivée ; au milieu des hourràs et des saluts, nous quittons le poste en voiture, pour gagner, à trois kilomètres de là, la tête de la voie ferrée. Nous traversons sur un bac la petite rivière de Moureigne et sur la berge les drézines nous attendent ; le lieutenant de cosaques nous accompagne et nous nous installons avec lui sur un de ces véhicules, qui, mû par quatre robustes moujiks, nous emmène à toute allure.

Le pays est encore inondé, et la voie par endroits complètement noyée, le sol est semé de grandes flaques d'eau, dont quelques-unes couvrent les rails, qui y disparaissent sur des longueurs de 300 à 400 mètres. L'effet produit par l'arrivée dans ces passages est assez curieux, car la voie semble s'interrompre brusquement pour reparaître plus loin, et nos drézines s'y engagent en éclaboussant tous les voyageurs ; une fois même l'eau couvrant le tablier du wagonnet nous devons monter sur les bancs pour rester à pied sec.

La ligne se développant ensuite à flanc de montagne, nous traversons de grands chantiers, où toute une population d'ouvriers russes taillent dans le rocher le passage de la voie ; nous y sommes souvent arrêtés par l'encombrement produit par les dernières explosions de mines, parfois même, le travail de dégagement de la voie étant trop difficile, il faut sortir la drézine des rails et la transporter à bras en avant de l'obstacle.

La main-d'œuvre chinoise, que nous avons vu diminuer progressivement depuis Harbine, a ici complètement disparu, pour faire place à la main-d'œuvre euro-

Réception au poste de Ma-tzeu-hé.

péenne ; c'est au point que nos véhicules sont actionnés par quatre ouvriers russes. Tout ce petit personnel se recrute, en grande partie, parmi les militaires ayant accompli leur service en Sibérie orientale ; beaucoup se font libérer dans le pays, et viennent chercher du travail au chemin de fer. La situation qui leur est offerte est d'ailleurs assez avantageuse : ils reçoivent 30 roubles (80 francs) par mois comme manœuvres, et 40 roubles (108 francs) quand ils sont ouvriers d'état ; ces ressources paraissent modestes, mais elles sont de beaucoup supérieures à celles que la plupart de ces pauvres gens pourraient se procurer en Russie ou en Sibérie.

Le voyage en drézine nous amène vers midi au poste de Ma-tzeu-hé, chez le capitaine Sokoloff, qui, lui aussi, nous a préparé une réception militaire.

Un grand déjeuner, qui réunit de nombreux convives, officiers, ingénieurs, médecins, etc., marque le commencement de la fête ; au moment où le capitaine boit à notre santé, ses cosaques, rangés sous les fenêtres, poussent des hourras à tue-tête, puis chantent des chœurs militaires du plus bel effet.

Nous sortons ensuite de l'habitation, et des danses s'organisent en plein air ; l'orchestre est composé d'un violon, d'un violoncelle et d'un accordéon, et, aux sons d'une musique très entraînante, les soldats exécutent une série de danses nationales et populaires, qui ont beaucoup de cachet et d'originalité. Elles sont interrompues, de temps à autre, par de nouveaux chœurs, et par de sérieuses libations.

La musique, la danse, et aussi... l'eau-de-vie, excitent l'enthousiasme général ; bientôt les cosaques se livrent sur nous et sur leurs officiers, aux dernières manifestations de leur sympathie. Mais il faut être

Danses cosaques au poste de Ma-tzeu-hé.

russe pour les comprendre ainsi ; nous sommes saisis par les jambes, et jetés violemment en l'air, pour retomber dans les bras des soldats, qui jouent ainsi à la balle avec nous, en poussant des hourras frénétiques ; puis, nouvelle surprise, un tapis est apporté, et nous sommes littéralement « passés à la couverte ». Ce petit divertissement fait en France la terreur du jeune conscrit arrivant au régiment ; ici c'est une marque très honorifique de déférence, et après nous, les officiers russes paraissent très joyeux et très flattés de ces démonstrations quelque peu brutales. Autres lieux, autres mœurs : nous constatons, nous ne jugeons pas.

Après ces réjouissances, nous reprenons notre course en drézine, accompagnés cette fois par le capitaine ; la gaîté est de la partie, et le voyage est la continuation de la fête. Le long de la ligne, on rencontre plusieurs postes de quatre ou cinq soldats, détachés de Ma-tzeu-hé ; ils sont venus se ranger sur notre passage, et devant chacun de ces petits groupes, nous devons, le verre à la main, recommencer de longues démonstrations d'amité.

Nous arrivons sur une rampe très accentuée, où les quatre vigoureux conducteurs de notre véhicule commencent à marquer de la fatigue et à ralentir considérablement leur mouvement ; nous devons marcher à pied, sur cette partie du trajet. C'est le passage par la ligne, de la dernière arête montagneuse, avant d'atteindre la frontière.

Arrivés sur la crête, nous avons devant nous un spectacle des plus curieux ; la voie descend, le long d'un flanc de montagne presque à pic, en faisant six rebroussements ; la pente des rails atteint 75/1000, et c'est à une allure vertigineuse que nous traversons ce passage original. La vitesse du véhicule et le vide du côté de la vallée, produisent une sensation bizarre laissant bien loin en arrière, celle de nos anciennes montagnes russes : la succession de ces tronçons de voie superposés, rayant la montagne en zigzag, forme pour le voyageur un coin de paysage typique, d'un effet très surprenant.

Cette disposition du tracé et cette pente considérable n'ont permis que l'ascension lente et pénible de quelques locomotives, et de trains peu chargés de matériel ; mais cela ne peut être considéré que comme un artifice de tracé provisoire, et on ne pourrait songer à conserver un tel passage, sur un chemin de fer à grand trafic. La ligne définitive doit franchir l'obstacle montagneux, en conservant des pentes admissibles (1) ; cela lui impose un développement considérable à flanc de montagne, et la traversée d'une longue tranchée atteignant 25 mètres de profondeur ; ces ouvrages sont commencés et on y travaille en plusieurs points.

Bientôt après cette longue descente, on arrive à la station de Sélen-hé, où nous trouvons un train prêt à partir, et un wagon envoyé à notre intention ; nous avons franchi 60 verstes en drézine, et 50 encore nous séparent de la frontière ; le train les parcourt avec une sage lenteur, et, parti vers neuf heures du soir,

(1) Les pentes maxima et les rayons de courbe minima, imposés aux ingénieurs russes sont :

1° En plaine : 8/1000 de pente et 500 mètres de rayon de courbe.

2° En montagne : 16/1000 de pente et 300 mètres de rayon de courbe.

Ces conditions sont un peu plus larges que celles génénéralement admises en France, mais il faut remarquer que la voie mandchourienne n'est pas destinée à être parcourue par des trains aussi rapides que les grands express européens.

il-arrive à deux heures du matin à la station de Po-Granitchna.

Cette station, dont le nom signifie « près de la frontière » est le point terminus du chemin de fer de l'Est Chinois ; c'est là que la ligne mandchourienne passe en territoire sibérien.

Elle a donc une grande importance administrative ; elle est la résidence d'un ingénieur chef de division, M. Swiaguine, réunissant sous ses ordres les quatre sections extrêmes de ce tronçon de la voie.

Nous passons là une journée à visiter les établissements de ce centre important, et la cordiable réception de M. Swiaguine vient couronner la série des amabilités, dont nous avions été entourés pendant ce long trajet sur le territoire mandchou.

Nous sommes depuis plus de deux mois en Mandchourie, et nous y avons parcouru près de 1 500 kilomètres.

X

En territoire russe. — Grodekovo. — Les troupes de chemin de fer. — Nikolsk. — Vladivostock. — La navigation et le port de l'Est Chinois. — Chantiers de montage. — Les locomotives. — La banque russo-chinoise.

Entrée en territoire sibérien, la voie ferrée appartient à une nouvelle administration, celle du chemin de fer de l'Oussouri, qui a déjà construit la ligne de Vladivostock à Khabarosk.

La voie partant de la frontière, en continuant le tracé de l'Est Chinois, va rejoindre cette grande ligne de l'Oussouri, à Nikolsk, à une centaine de verstes au nord de Vladivostock.

Ce parcours a 117 verstes de développement : sur 25 verstes, entre la frontière et la station de Grodekovo, la voie n'est encore que provisoire, mais complètement posée; de Grodekovo à Nikolsk, au contraire, la ligne est déjà achevée et mise en exploitation régulière : il y circule, en dehors des trains de service conduisant du matériel à la tête de pose, un train de voyageurs tous les deux jours, allant rejoindre à Nikolsk le train descendant sur Vladivostock.

Partant de la station de Po-Granitchna, on rencontre une dernière arête montagneuse, qui doit être franchie en tunnel; puis une descente rapide conduit jusqu'à la vallée de l'Oussouri. La voie provisoire existante présente sur ce parcours une série de onze rebroussements successifs, avant de gagner le fond de la vallée.

Nous effectuons ce trajet en trois heures, et nous arrivons à huit heures du soir à Grodekovo. Après notre long voyage sur un chemin de fer en construction, nous sommes tout étonnés de retrouver là une gare en pleine activité ; on y distribue des billets, on y enregistre des bagages, et les nombreux voyageurs y circulent dans une salle des pas-perdus aux murs couverts d'affiches ; on trouve même, à la station, un buffet confortablement organisé et tenu, qui ferait honneur à bien des stations, même importantes, de nos réseaux français. Toute cette activité d'un intérieur de gare, dont le chemin de fer de Mandchourie nous avait déshabitués, nous donne ici l'impression d'un petit coin d'Europe, et comme un signe avant-coureur de la fin de notre voyage.

Le service est assuré, là comme sur toute la ligne de l'Oussouri, par des troupes de chemin de fer ; un bataillon spécial, dont le commandant réside à Nikolsk, est chargé de l'exploitation de toute cette grande voie ferrée militaire. Ce sont des détachements de ces troupes, qui, quelques mois plus tard, furent envoyés dans le Pé-tchi-li, et qui rétablirent et exploitèrent jusqu'en décembre 1900, les tronçons de Tien-tsin à Yang-tsoun et de Tien-tsin à Chan-haï-kouan, sur le chemin de fer impérial chinois.

Les chefs de station sont sous-officiers ou officiers ; ainsi, à Grodekovo, c'est un lieutenant qui remplit les fonctions de chef de gare, et qui, très obligeamment, nous installe dans le train qui doit nous emmener jusqu'à Nikolsk.

Un voyage de nuit, de deux heures à huit heures du matin, nous conduit à cette ville, qui est la capitale militaire des provinces maritimes russes ; c'est la résidence du général commandant en chef toutes les troupes échelonnées de Vladivostock à Khabarosk. De la station on aperçoit la ville : une grande église, toute blanche, y tranche sur une multitude de petites maisons, dont les toitures métalliques brillent au soleil ; c'est une cité exclusivement militaire, n'abritant que la troupe, les officiers et le peu de commerce nécessité par les besoins immédiats de l'existence de tout ce monde.

Nous repartons vers onze heures pour Vladivostock. La voie est ici complètement terminée et ballastée ; aussi n'avons-nous plus les secousses continuelles, auxquelles nous ont habitués les voies provisoires, et le train prend une vitesse raisonnable de vingt-cinq à trente kilomètres à l'heure.

D'abord en terrain excessivement plat, continuant le paysage des environs de Nikolsk, la ligne se déroule dans un véritable steppe, couvert de prairies souvent marécageuses : puis elle s'engage dans une belle forêt, où l'on retrouve tous les grands arbres résineux, et les nombreux bouleaux de la région montagneuse. Elle arrive enfin au bord de la mer, et longe la côte du golfe de l'Amour ; la voie semble alors repoussée jusqu'au rivage, par la puissante végétation dans laquelle on a dû frayer son parcours.

Bientôt nous arrivons à Vladivostock ; la gare, très grande et très animée, est située au bord même de la rade, et ses voies de service longent les quais du port de commerce. Nous sommes attendus par M. Dynowski, un ingénieur qui représente ici le chemin de fer de l'Est Chinois, et qui se fait notre guide pendant les quelques jours que nous passons dans la ville.

La rade de Vladivostock, que les Russes appellent

la « Corne d'Or », est une longue baie complètement abritée, et n'ouvrant sur la mer que par une passe; les plus grands navires peuvent y évoluer, et les dimensions de ce port naturel lui permettraient de recevoir plusieurs flottes européennes réunies. Toute la région est bloquéepar les glaces, pendant quatre ou cinq mois chaque année, et c'est là le grand obstacle au développement du commerce et de la navigation ; toutefois depuis quelques années, le fonctionnement régulier des bateaux brise-glace a permis d'assurer, sans interruption, l'entrée et la sortie des navires.

Le commerce très actif de Vladivostock se fait surtout avec la Russie, le Japon et l'Amérique, et il approvisionne tous les marchés de la Sibérie orientale ; il devrait prendre un nouvel essor, à l'ouverture de la grande voie ferrée transcontinentale, mais peut-être alors tout le mouvement et toute l'importante du port de commerce, seront-ils transportés à Dalgny.

Déjà la rade, défendue par des fortifications, a vu émigrer à Port-Arthur toute son importance militaire.

Il faut donc considérer l'installation des Russes dans le sud du Leao-toung, comme un coup porté au développement et à l'importance de leur capitale du nord ; ce coup deviendra plus sensible encore, si ce mouvement d'expansion en Extrême-Orient se complète par l'occupation de la côte coréenne ou de quelques ports coréens. Il faut toutefois reconnaître que les grands travaux de Mandchourie auront donné, pendant leur période d'exécution, une poussée momentanée mais considérable aux mouvements du port; c'est là, en effet, qu'a été débarquée et qu'on débarque encore, la plus grande partie du personnel et du matériel de toute nature, destinés au chemin de fer.

La ville s'étage en amphithéâtre, face au sud, sur

presque toute la longueur du côté nord de la rade ; elle abrite une population de 30000 habitants, en y comprenant les troupes russes, puis 12 à 15000 Chinois, et un millier de Coréens. Les maisons sont toutes construites en briques, et complètement à l'européenne : sur la grande rue, qui serpente tout le long du port, s'alignent des bâtiments très vastes et très décoratifs, occupés par de florissantes maisons de commerce, étalant la richesse et le luxe de leurs magasins.

De nombreux édifices et monuments publics : églises, palais, musée, arcs de triomphe, etc... contribuent puissamment à donner à la cité un aspect de grande ville européenne.

Mais nous ne nous arrêterons pas au port et à la ville, qui ont été déjà visités et décrits par de nombreux voyageurs; nous envisagerons seulement notre passage à Vladivostock, comme un complément à notre étude du chemin de fer et des travaux de Mandchourie; cette grande cité maritime a été, en effet, pour le chemin de fer mandchourien, un centre d'action important, réunissant les parties capitales de deux grands services : la navigation et le montage du matériel.

Nous avons dit que tout le matériel de chemin de fer venant d'Europe et d Amérique était débarqué, suivant les besoins, à Port-Arthur, à Nioutchouang, et surtout à Vladivostock. Ces transports considérables sont assurés par les navires de la flotte volontaire russe, venant d'Odessa, et par des compagnies américaines ; on a dû compléter cela, et organiser, entre ces trois points de débarquement, toute une navigation spéciale.

Les navires affectés à ce service opèrent les mouvements du personnel et du matériel de l'Est Chinois, entre ces trois ports de débarquement, et ils assurent en même temps les déplacements des voyageurs et des marchandises au Japon, en Corée et sur la côte de Chine jusqu'à Changaï ; cela constitue donc une véritable compagnie de navigation des mers de Chine, annexe du chemin de fer de Mandchourie. Elle dépend directement de la haute administration de Pétersbourg représentée sur place par un directeur, ancien officier de marine, résidant habituellement à Port-Arthur ; c'est donc une autorité parallèle à celle de l'ingénieur en chef, quoique d'une importance beaucoup moindre. Les navires de cette pseudo-compagnie portent, comme signe distinctif, le pavillon de l'Est Chinois, que nous avons décrit.

En même temps que la création de ce service, tous ces transports ont amené la construction à Vladivostock, d'un port spécial, distinct du grand port de commerce, et appartenant à l'administration du chemin de fer. Il est situé tout à l'entrée de la rade ; un quai, d'une longueur de près de 400 mètres, a été établi en forts massifs de béton et les fonds ont été dragués à une profondeur de 9 mètres, pour y permettre l'accostage des plus grands navires.

Des appareils de levage nombreux et puissants ont été installés, et la voie ferrée a été amenée jusqu'à la mer, longeant les navires accostés ; on a donc là toutes les facilités pour un débarquement rapide, même de poids très lourds, et le matériel peut être transbordé directement et expédié immédiatement en chemin de fer.

Bordant ce port et rivalisant d'activité avec lui, on aperçoit les vastes chantiers de montage, puis de grandes et belles constructions, servant d'habitations et de bureaux à tout le personnel des ingénieurs et des comptables ; tout cet ensemble constitue les établissements du chemin de fer de l'Est Chinois. On y voit même une grande maison-caserne servant de poste militaire; un détachement de soldats de la garde du chemin de fer a été placé là, comme si l'administration avait voulu voir représentés à Vladivostock toutes ses branches et ses services annexes. On a donc ainsi, en plein pays russe, une petite colonie isolée, un vrai coin de Mandchourie.

Les ateliers de montage présentent un spectacle très curieux ; on y voit des machines et des wagons, à toutes les phases de la construction ; des locomotives déjà terminées y circulent au milieu de pièces éparses attendant d'être mises en place, de chaudières, de roues, et d'immenses caisses, récemment débarquées, renfermant des corps de voitures entiers.

Quelques grands bâtiments servent d'abris pour les locomotives, d'autres sont des ateliers pour les parties les plus délicates du montage, mais presque tous les travaux s'exécutent en plein air ; le matériel est simplement engerbé au sortir du débarcadère, et c'est là, selon l'expression de l'ingénieur qui nous guidait dans les chantiers, un véritable troupeau de machines et de wagons.

Des chefs monteurs français et américains ont été envoyés sur place, par les sociétés industrielles ayant fourni les locomotives ; ils dirigent un nombreux personnel de Russes et de Chinois.

C'est sur ces chantiers qu'ont été montées la moitié des machines, et une bonne partie des voitures en service. En mai 1900, on utilisait déjà sur les divers tronçons de la voie 15 000 plates-formes ou trucs, et 5 000 wagons fermés; ce n'étaient que des véhicules de service, servant au transport du matériel, et quelques voitures fermées seulement avaient été aménagées sommairement pour les déplacements des employés ; enfin dans les grands centres comme Harbine et Port-Arthur, quelques voitures de luxe étaient à la disposition du haut personnel.

Les locomotives avaient été commandées à l'industrie étrangère ; elles étaient en grande partie livrées et bon nombre d'entr'elles circulaient déjà sur la ligne. Ces commandes comprenaient 50 machines françaises et 200 machines américaines ; de plus, quelques petites machines-tenders, légères et peu puissantes, venues du Hanovre, étaient utilisées pour les manœuvres dans les stations importantes.

Les locomotives françaises ont été construites par la Société de Fives-Lille, d'après les projets des ingénieurs russes. Ce sont de puissantes machines, pesant 58 tonnes, machine seule, et 95 tonnes, machine et tender chargé ; elles ont quatre essieux moteurs couplés et un essieu indépendant ; elles sont du type Compound à deux cylindres et leur marche normale correspond à une pression de 12 kilos dans la chaudière.

Les locomotives américaines portent la marque « Baldwin locomotive works, Burnham Williams and Co, Philadelphie » ; elles ont sensiblement la même puissance et les mêmes dispositions que les machines françaises ; elles sont également Compound, mais à quatre cylindres extérieurs, superposés deux à deux.

Nous donnons sous toutes réserves, n'ayant pu le contrôler suffisamment, le chiffre de 30 000 roubles (80 000 francs environ) comme prix de ces machines.

Comme en Sibérie, les locomotives sont chauffées au bois, et un tender chargé porte du combustible pour une marche de 40 verstes environ; mais il est fort probable que le charbon arrivera à être seul employé, en raison des richesses minières de la Mandchourie.

L'achat de tout ce matériel fait présager une exploitation très active, et un trafic important; les projets actuels comportent 6 paires de trains montants et descendants. Aussi la voie elle-même doit-elle présenter des garanties de solidité suffisante, pour permettre cette circulation ; à cet égard, l'Est Chinois a pu profiter de l'expérience faite par la construction du Transsibérien, et éviter ainsi quelques erreurs.

On a fortement reproché, en effet, à certaines parties de la ligne sibérienne, la faiblesse des rails employés ; des raisons d'économie, fort appréciables sur d'aussi longs parcours, avaient fait admettre des rails ne pesant que 24 kilogrammes le mètre courant ; ceux du chemin de fer de Mandchourie, venant de Russie et d'Amérique sont beaucoup plus renforcés : ils ont 5 sajènes (10 m. 50) de longueur et pèsent 32 kilos le mètre courant. Il y a encore loin de ce chiffre aux poids de 45 et 47 kilos, atteints en certains points de nos réseaux français, mais c'est une donnée très suffisante pour les vitesses prévues et le trafic attendu de la ligne.

La visite de ces chantiers de Vladivostock et de ce port de débarquement, suffiraient pour donner une idée de l'importance de cette entreprise colossale, qu'est le chemin de fer de l'Est Chinois; construire 2 500 kilomètres de voie ferrée, dans un pays isolé et de communications difficiles, comme la Mandchourie, au milieu de populations ignorantes et souvent hostiles, de langue et de mœurs totalement étrangères, constitue en effet un de ces travaux qui font époque dans l'histoire de la civilisation.

Les Russes s'y sont donnés avec un entrain et une activité remarquables. Ils n'ont reculé devant aucun sacrifice d'argent, et c'est par le chiffre de 300 millions de roubles (800 millions de francs environ), que l'on prévoyait en 1900 la somme totale des dépenses ; il faut ajouter à cela 18 millions de roubles (47 millions de francs) qui devaient être consacrés à la création de la ville et du port de Dalgny, et aussi sans doute de nombreuses dépenses encore imprévues, et une majoration sérieuse de tous ces chiffres, causée par l'insurrection chinoise.

Une entreprise d'une telle importance devait être doublée d'une solide administration financière : ce rôle fut dévolu à la banque russo-chinoise ; organisée par décret impérial du 10 décembre 1895, c'est une véritable banque d'État, qui jouit d'un monopole absolu et assuré, dans toute la Sibérie.

Dans toutes les grandes villes commerçantes d'Extrême-Orient, ses agences lui permettent de rivaliser avec les grandes banques anglaises, et jusqu'en pleine Mandchourie, elle a pu opérer des transactions importantes et fructueuses, dans le commerce chinois.

Mais son rôle ne se borne pas aux pures opérations de banque ; il ne saurait non plus être comparé, d'une façon complète, à celui d'une société financière, prenant l'entreprise de la construction d'une voie ferrée, et conservant l'exploitation de celle-ci, comme garantie des capitaux engagés. Dans le fonctionnement de la banque russo-chinoise, il y a tout cela, mais il y a plus que cela : il y a l'intervention et la garantie de l'État, qui, dans une opération aussi politique que financière, substitue ses intérêts à ceux des capitalistes en garantissant ceux-ci.

Aussi la banque est-elle, par certaines de ses attributions, un véritable service public, formant comme la trésorerie et l'intendance du chemin de fer de l'Est Chinois. C'est d'ailleurs en vue de ce rôle qu'elle a été créée ; le chemin de fer a été sa raison d'être, en même temps que celle de l'emprunt qui a constitué ses capitaux.

Disons enfin que cette puissante administration est née de l'alliance franco-russe, et que les 5/8 de ses fonds ont été constitués par des apports français ; aussi eut-elle, à l'origine, des tendances très françaises et on songea même à introduire notre langue dans ses relations commerciales. C'était trop espérer : le commerce de l'Extrême-Orient lui imposa bien vite, comme une nécessité absolue, l'usage de la langue anglaise, et, par contre-coup, introduisit une notable proportion d'Anglais dans son personnel.

Peu à peu, de nombreux jeunes gens russes se sont adonnés à l'étude de l'anglais, et, déjà maintenant, commence une élimination progressive de l'élément étranger ; il est fort probable qu'avant peu d'années, le personnel de cette grande puissance financière sera devenu exclusivement russe.

A Vladivostock s'achève notre voyage de reconnaissance de la ligne mandchourienne ; nous trouvons là les moyens de locomotion, commodes et rapides, qui, déjà maintenant, assurent la traversée de la Sibérie ; mais nous ne dirons rien de ces voies, déjà fréquentées par de nombreux voyageurs et touristes français.

Il nous reste à présenter quelques observations d'ensemble sur les travaux de Mandchourie.

XI

CONCLUSIONS

Le mouvement économique produit par le chemin de fer de l'Est chinois. — Résultat des derniers événements de Chine.

En résumé, l'état d'avancement des travaux du chemin de fer de Mandchourie pouvait se traduire, en mai 1900, par les chiffres suivants :

280 verstes de voie sur 980 étaient posées entre Harbine et la frontière de Transbaïkalie.

355 verstes de voie sur 530 étaient posées entre Harbine et la frontière des Provinces maritimes de l'Amour.

585 verstes de voie sur 900 entre Harbine et Port-Arthur.

Soit en tout 1 220 verstes sur lesquelles pouvaient, à cette époque, circuler les locomotives.

Cela représente un peu plus de la moitié du parcours, mais certainement beaucoup plus de la moitié du travail, nécessité par la jonction complète.

Il faut tenir compte, en effet, de ce que, sur les parties du tracé où la voie n'était pas encore posée, les études étaient achevées, et les terrassements souvent très avancés.

La tourmente politique, qui agita toute la région peu après notre passage, causa un temps d'arrêt sérieux dans les travaux, en même temps que

La Mandchourie et le Chemin de fer de l'Est-Chinois

d'après une Carte russe

Echelle :

Légende

- Frontières d'États
- Frontière entre la Mandchourie et les autres provinces chinoises
- F.res des 3 provinces mandchoues
- F.re du Territoire de Quang-Toung
- F.re de la Zone neutre
- Grande Muraille
- Itinéraires russes
- Chemins de fer existants
- Ch.ns de fer en projet ou en construction
- Ch.n de fer de l'Est-Chinois (Transmandchourien)

Au Gisements aurifères
Ag — argentifères
Fe — de Fer
C — de Houille

la destruction de plusieurs parties de la ligne. Ces dégâts n'atteignirent pas une importance considérable ; les parties du nord du réseau purent être protégées par des troupes venues de Sibérie ; la partie sud, plus voisine du centre d'insurrection, fut seule quelque peu malmenée ; mais tout se borna à des rails et des traverses enlevés, et des ponts de peu de longueur rompus ; tout le gros travail d'infrastructure resta intact, et la voie put être rapidement rétablie.

Au mois d'avril 1901, la ligne était de nouveau posée de Port-Arthur à Kaï-yuen, c'est-à-dire qu'elle remontait à 40 verstes plus au nord que l'année précédente. Déjà des trains y circulaient, et les Chinois étaient admis à louer des wagons pour transporter leurs marchandises.

C'est donc un retard d'une année environ, qu'il faut compter comme résultat du mouvement boxer ; selon toutes probabilités, avant la fin de 1902, les locomotives pourront aller sans interruption de Pétersbonrg à Vladivostock et Port-Arthur, et en 1904 ou 1905, la ligne pourra être livrée au commerce, pour une exploitation régulière.

On ne peut s'empêcher d'admirer la rapidité, avec laquelle toute cette grande entreprise a été conduite, quand on songe que les premières missions d'études arrivèrent dans le pays en 1898.

Il faut attribuer cela, pour beaucoup, à l'unité de vues et de commandement qui présida à toutes choses. Tout ce qui tient, de près ou de loin, au chemin de fer, jusqu'à la navigation et aux troupes de garde, a été constitué en un commandement unique, confié au ministre des finances ; lui-même a été représenté sur place par un ingénieur en chef, centralisant la direction de tous les services. Ceci a écarté bien des tiraillements et des hésitations inévitables, lorsque plusieurs autorités sont en présence, pour la solution d'un même problème.

On ne saurait négliger non plus la valeur du personnel. La haute direction composée d'hommes tout à fait supérieurs, a su s'entourer de sous-ordres expérimentés et dévoués, dont beaucoup déjà avaient été employés, au Caucase, à des travaux analogues. Quant aux nombreux jeunes ingénieurs, fraîchement sortis des écoles, ils trouvent en Mandchourie, sous une sage direction, un vaste champ d'activité ouvert à l'application de leurs connaissances et à l'enthousiasme de leurs débuts.

L'impulsion première vient de l'Empereur, qui, nous l'avons dit, se tient minutieusement au courant de l'avancement des travaux ; périodiquement, il donne lui-même une nouvelle poussée d'activité, qui a sa répercussion jusque chez les employés tout à fait subalternes. Il a d'ailleurs résumé toute l'importance qu'il attache au chemin de fer de l'Est Chinois, et donné à tout le personnel un gage d'encouragement, en disant à l'Ingénieur en chef, lorsque celui-ci rejoignait son poste : « Je serai le premier voyageur, sur votre voie ferrée ! »

Au point de vue des détails de la construction, on ne saurait adresser de critiques sérieuses au chemin de fer mandchourien ; il faut seulement faire les réserves que nous avons indiquées, relativement aux parties provisoires de la voie et des ouvrages d'art. On doit au contraire reconnaître que l'expérience acquise par la construction de la voie sibérienne a été amplement mise à profit ; on avait, en effet signalé, dans l'exécution de ce premier travail, des défectuosités assez sérieuses : elles ont été scrupuleusement évitées, dans cette dernière partie de la grande voie transcontinentale.

On ne peut en dire autant de la gestion financière; sans nous ériger en juge de cette question, nous pouvons donner un écho des attaques que nous avons entendu formuler. Il y aurait, paraît-il, du gaspillage de matériel et de fonds, et peut-être pourrait-on arriver au résultat que l'on obtient, en dépensant beaucoup moins d'argent.

Cette affirmation, qui pourrait être discutée, en fait, est surtout discutable en principe. La question primordiale de la rapidité d'exécution, la recherche d'un intérêt politique, primant toute question d'intérêt pécuniaire, peuvent en effet justifier bien des dépenses qui paraîtraient, sans cela, fortement exagérées. Le fait, par exemple, de construire un peu partout des passages provisoires, majore certainement le prix de revient de la voie définitive; mais nous avons dit tous les avantages qu'on pouvait en retirer.

En un mot, tout se résume dans une question de balance, entre les sacrifices d'argent et les résultats à obtenir; vaut-il mieux gaspiller un peu, puisque c'est le terme improprement employé, que de s'exposer à des à-coups et des retards? c'est là uniquement une question de politique extérieure de la Russie. Il faut se garder, avant tout, de juger le chemin de fer l'Est Chinois, qui est une entreprise d'État, comme on le ferait d'une opération privée, et purement financière.

En dépit de ces petites discussions, nées souvent de mésintelligences individuelles, tout le monde est d'accord pour énumérer les avantages qui doivent résulter de l'achèvement de la ligne.

Elle doit en effet réaliser la jonction complète de l'Europe au Pacifique en chemin de fer, et supprimer la navigation longue et irrégulière du fleuve Amour.

Actuellement, on peut aller de Vladivostock à Paris, par des voies déjà rapides, si on les compare aux anciennes traversées de la Sibérie, en voiture ou en traîneau. En deux journées de chemin de fer, sur la ligne de l'Oussouri, on arrive à Khabarosk; de là, il faut remonter l'Amour, puis la Chilka jusqu'à Strétensk, c'est-à-dire sur un parcours de 2116 verstes. Cette navigation se fait sur des bateaux à roues semi-confortables, mais elle n'est possible qu'en été; même en cette saison, sa durée est très variable, en raison des profondeurs très inégales et souvent insuffisantes que l'on trouve dans le haut cours du fleuve, et surtout dans la Chilka son affluent. Le manque d'eau amène constamment des échouages, et il faut alors prendre des bateaux de plus en plus petits, et quelquefois même, ce qui nous arriva, finir le voyage sur des chalands (1).

De Strétensk, il faut compter encore cinq journées de chemin de fer, y compris la traversée du lac Baïkal (2), pour atteindre Irkoutsk; on trouve alors les

(1) On parle d'améliorer cette voie de communication en prolongeant la ligne de Transbaïkalie, de Strétensk jusqu'à Pokrovska au confluent de l'Amour et de la Chilka. Cela suppose la construction de 380 verstes de voie ferrée.

(2) La traverée du Baïkal se fait au moyen de grands bateaux porte-trains : l'un est en service depuis janvier 1900, deux autres sont en construction. Ces navires ont 273 pieds de longueur, et peuvent porter trois voies parallèles; ils sont actionnés par trois machines à triple expansion, de chacune 1250 chevaux; ils portent trois hélices pouvant tourner 90 tours à la minute.

Les brise-glace ont, paraît-il, très bien fonctionné, et le bateau n'a jamais été arrêté; il donne une vitesse de 4 nœuds sur la glace et de 13 à 14 nœuds en eau libre.

Les trains entrent par l'avant du navire; la fixité de la flottaison, pendant leur entrée et leur sortie, est obtenue au moyen

grands express sibériens, qui conduisent en neuf jours à Moscou.

Nous avons pu, par cette voie, effectuer le parcours de Vladivostock à Paris en 38 jours, dont 19 de navigation sur l'Amour ; ce temps peut être réduit d'une huitaine de jours, pendant les périodes de très hautes eaux.

Ce voyage n'est certainement pas comparable avec celui que promet l'achèvement des travaux de Mandchourie ; les transbordements nombreux, sur la voie mixte Amour-Transsibérien, seront supprimés et l'on ira en onze jours (1) de Paris à Vladivostock. Il sera alors assez original de prendre un billet pour un parcours de 10000 kilomètres ; il est fort possible que, la mode s'en mêlant, on fasse un sport et une marque de snobisme de ce long voyage, considéré, il y a quelques années encore, comme une véritable traversée d'exploration.

L'ouverture de cette grande route transcontinentale aura d'énormes conséquences économiques, qui

d'un système de réservoirs et de pompes très ingénieux.

La traversée est d'une soixantaine de kilomètres, et dure trois heures et demie, en temps ordinaire.

Ce moyen de passage n'est que provisoire : les projets définitifs font contourner le sud du Baïkal par la ligne ferrée, mais ce sera un travail long et coûteux, en raison des berges escarpées et rocheuses, et il est fort probable que le service des bateaux fonctionnera encore pendant de longues années.

(1) Ce chiffre de onze jours pour aller de Paris à Vladivostoch et tous les chiffres qui suivent, sont prévus par les projets russes.

Ils supposent une augmentation de vitesse sur la ligne sibérienne, pour atteindre 36 à 40 kilomètres à l'heure ; cela exigera la réfection des parties trop faibles de la voie. On peut prévoir que ces travaux seront exécutés, lorsque la ligne mandchourienne sera achevée.

Dans l'état actuel de ces voies ferrées, et avec les vitesses possibles, de 25 à 30 kilomètres, il faudrait compter quinze jours de Paris à Vladivostock.

ont été étudiées d'une manière très complète et très documentée, par M. Pierre Leroy-Beaulieu (Revue des Deux Mondes, août 1898) ; nous ne pouvons mieux faire que de résumer ses conclusions.

Les voyageurs allant en Extrême-Orient seront amenés à prendre la voie de terre : d'après les durées de trajet prévues, en effet, on ira en 17 jours de Paris à Changaï, et en 21 jours de Paris à Saïgon.

Si l'on considère que les paquebots les plus modernes des Messageries Maritimes effectuent le parcours de Marseille à Saïgon en 23 jours, et que la traversée de l'Amérique exige 25 jours pour aller de France au Japon, et 30 jours pour atteindre Changaï, on voit que, pour tous les ports de la côte du Pacifique, jusqu'en Cochinchine et aux Philippines, le trajet le plus rapide sera celui de la voie ferrée.

Les compagnies de navigation pourront songer à augmenter la vitesse de leurs navires, mais elles se heurteront alors à une difficulté d'ordre financier, par une augmentation considérable de la dépense de charbon. Or, déjà dans l'état actuel des choses, le voyage en chemin de fer promet d'être beaucoup moins onéreux que la traversée maritime. On peut donc prévoir que les deux grands facteurs commerciaux, temps et argent, assureront à la voie russe le transport d'une grande partie des voyageurs.

Quant à la question du confortable, sur laquelle M. Leroy-Beaulieu semble faire des réserves, elle est maintenant résolue; nous pouvons affirmer, que le fait de passer quinze jours en chemin de fer, que l'on a présenté comme un épouvantail aux voyageurs, est une chose très supportable, et, pour beaucoup de personnes, bien moins fatigante qu'une traversée par une mer un peu sévère.

Vladivostok. — Le port de l'Est Chinois et les chantiers de montage.

En raison des tarifs prévus pour les messageries, il est probable que les marchandises, à l'exception des des objets de valeur : soies, thés de luxe, fourrures... etc..., continueront à voyager par mer, sauf peut-être pour le trafic direct entre la Russie et ses possessions.

Tous ces résultats ne sont que le fait de l'introduction du Transsibérien, dans le commerce actuel ; ils pouvaient être prévus dès 1898, c'est-à-dire avant même le commencement des travaux du chemin de fer de l'Est Chinois, et à un moment où l'on hésitait encore à le construire. Actuellement, on peut prévoir une révolution économique, bien plus profonde encore, dans tout le commerce de l'Extrême-Orient.

Le passage de la voie ferrée en Mandchourie lui permettra en effet de drainer et de développer le commerce déjà si florissant de la région ; sa proximité de Pékin, et sa jonction projetée avec cette capitale, lui apporteront aussi l'appoint du trafic du Pé-tchi-li ; enfin, chose plus importante, le chemin de fer donnera un développement considérable au commerce russe, précédemment localisé à Vladivostock.

Nous avons dit tous les résultats attendus de la création du port de Dalgny, et tous les sacrifices faits pour cette importante entreprise. Ce sera peut-être la cause du déplacement d'une bonne partie du commerce des ports du sud de la Chine. Les Russes ont commandé en Amérique d'immenses paquebots, construits avec tous les perfectionnements modernes, et qui doivent être livrés prochainement ; ils pourront donc en 1902 ou 1903, créer un grand service de navigation, reliant Vladivostock et Dalgny au Japon, à Changaï, à Hongkong, peut-être même à Saïgon et à Singapoure. Ils prolongeront ainsi la ligne d'action de leur chemin de fer, et porteront un grand coup aux compagnies anglaises, si puissantes dans les mers de Chine.

Enfin, sur le chemin de fer de l'Est Chinois, se greffent de nombreux projets accessoires, qui doivent eux aussi, avoir leur répercussion économique. Une ligne de Moukden en Corée, suivant la côte de la presqu'île, et reliant la voie russe aux ports de Gen-san et de Fou-san a été étudiée, et la banque russo-chinoise cherche à en obtenir la concession. Une autre idée, non moins importante, est celle d'un chemin de fer partant de Pékin et suivant la route des caravanes de Mongolie ; il passerait à Kalgan et pénétrerait en Sibérie à Kiakhta.

Ces soi-disant projets n'étaient, au commencement de 1900, que de vagues desiderata, nés des travaux de Mandchourie, mais les derniers événements de Chine, auront peut-être contribué à hâter leur réalisation. On prétendrait même que les concessions auraient été récemment accordées, par le gouvernement chinois et le gouvernement coréen, à la banque russo-chinoise.

Les Russes vont même jusqu'à parler d'une voie ferrée, plus riche encore de conséquences, mais qui soulèverait de graves difficultés diplomatiques : il s'agirait d'atteindre le Yang-tsé, en partant du bassin de l'Irtyche, dans la région voisine de l'Oural. Le tracé couperait la frontière sibérienne près de Zaisansk, traverserait toute la Mongolie, le Kan-sou et le Sé-tchouen, et, passant par les villes de Lan-tchéou et Tcheng-tou-fou, atteindrait le Yang-tsé auprès de Su-tchéou-fou.

Ce n'est là évidemment qu'un beau rêve, mais qui révèle une tendance bien marquée des idées russes.

On voit donc que l'action économique du chemin de fer de l'Est Chinois est loin de se borner à une question de transport de voyageurs et de marchandises, et à une lutte avec les compagnies de navigation européennes. Il a ouvert une large brèche dans le nord de l'empire chinois, qui reste si obstinément fermé aux étrangers; il a fait naître, toute une série d'entreprises, annexes de sa construction, qui révolutionneront tout le commerce de la Chine, du Japon, et peut-être de l'Amérique (1).

En même temps, il a ouvert à l'émigration russe un débouché plus neuf, plus riche, et plus séduisant au premier abord, que celui de Sibérie. Nous avons parlé des petites colonies russes situées le long de la ligne, et servant d'habitation au personnel des travaux. On cherche à y attirer des gens vivant en famille, et faisant souche dans le pays; on accorde des terrains et l'on prodigue des encouragements de toute nature aux employés donnant des gages d'installation durable; c'est donc prévoir, pour l'époque d'achèvement de la voie ferrée, la transformation de ces centres de travail en centres d'habitation et de colonisation, véritables villes ou villages russes. Cela assurera au chemin de

(1) Le chemin de fer mandchourien menace sérieusement l'importance commerciale du bassin de l'Amour, et porte un grand coup au commerce de toute la Sibérie orientale.

Mais qu'importe pour la Russie, qui doit retrouver en Mandchourie une province bien plus riche, et des avantages, compensant de beaucoup ce petit sacrifice.

On s'est ému, néanmoins, de la ruine qui menacerait la ville de Blagovetchensk, grande cité commerçante, dont la population atteint 35000 habitants. Aussi songe-t-on à la relier à la ligne ferrée, et pour cela, on hésite entre deux projets :

1° Pousser de Strétensk jusqu'à Blagovetchensk, la construction de la voie suivant le tracé des projets primitifs du Transsibérien, soit 1200 verstes environ à poser.

2° Relier directement Blagovetchensk à Tsi-tsi-kar, qui n'en est distant que de 450 verstes.

C'est sans doute, cette seconde solution qui l'emportera.

fer de Mandchourie, un personnel d'exploitation stable, attaché au pays, qui sera un élément important de réussite et de facilité d'administration. Les troupes de garde, qui souvent eurent des révoltes à réprimer et des méfaits à punir, donnent, dans tout le pays, une idée de la solide puissance militaire de l'empire du Tzar; en même temps, la banque russo-chinoise, trafiquant avec les commerçants et banquiers indigènes, fait apprécier sa puissance financière.

Enfin, la haute administration de l'Est Chinois, dont la Convention Cassini avait fixé la composition, en représentants des deux nations, est passée peu à peu entièrement entre les mains des Russes; les dignitaires chinois ne sont plus là que pour mémoire, et l'on paraît s'occuper fort peu de leurs avis.

La faculté de rachat de la ligne, au bout de 36 ans par le gouvernement du Céleste Empire, est chose illusoire, vu l'état de ses finances; quant à sa possession gratuite, au bout de 80 ans, elle est considérée comme assez éloignée, pour n'avoir pas à s'en préoccuper actuellement. Cet état de choses existait en Mandchourie, au moment où éclata le grand soulèvement du nord de la Chine.

Dès que le premier signal de la lutte fut donné, une mobilisation de toutes les forces de la Sibérie, et d'une partie des troupes de la métropole, permit de mettre sur pied une armée russe de 220.000 hommes. Une partie de ces forces arriva dans le Pé-tchi-li, bien avant que les autres puissances, exception faite pour le Japon, aient pu se faire représenter par des effectifs sérieux; nous n'avions alors en Chine que quelques détachements de marins, et un corps expéditionnaire bien minime, venu d'Indochine. On peut dire, sans porter nulle atteinte à la bravoure et aux beaux faits d'armes de nos compatriotes, que la gloire du siège de Tien-tsin, de la marche sur Pékin et de la prise de cette capitale revient en majeure partie aux troupes russes et japonaises, de beaucoup les plus nombreuses.

En même temps, des forces étaient disséminées sur toute la frontière de l'Amour, dont plusieurs points furent ensanglantés par la lutte; mais les opérations, sinon les plus meurtrières, du moins celles qui occupèrent les effectifs les plus nombreux se déroulèrent en Mandchourie.

Disons que la discrétion la plus absolue entoura toutes ces affaires, et que, même en Chine, nous ne pûmes obtenir que des échos très affaiblis de ce qui se passait de l'autre côté de la Grande Muraille.

Dès le 30 juin 1900, les désordres commencèrent à Moukden; les troupes régulières chinoises y prirent une part active, et bientôt le soulèvement s'étendit sur toute la Mandchourie ; tous les postes russes et Harbine même furent attaqués.

Nous avons vu quel fut à ce moment le rôle de la garde du chemin de fer ; elle ne put que couvrir la retraite vers le nord, du personnel de la construction. Mais elle fut bientôt soutenue par des troupes venant de Vladivostock et de Port-Arthur, puis par les éléments mobilisés en Sibérie.

Un journal allemand « l'Ostasiatische Lloyd » publiait le 25 janvier 1901, les effectifs et les emplacements des troupes russes en Chine, au 15 novembre 1900 (1). Il ressort de ces chiffres, que les trois provinces

(1) **Extrait de l'Ostasiatische Lloyd. Effectifs des troupes**

mandchoues de Moukden, Girin et Tsi-tsi-kar, absorbaient pour elles seules, sur les forces totales de cette armée, la moitié de la cavalerie, et les deux tiers de l'infanterie et de l'artillerie.

Ceci montre bien l'importance que les Russes attachaient à ce théâtre d'opérations et le soin avec lequel ils voulurent préserver leur chemin de fer de la destruction, et hâter la reprise des travaux.

Ces considérations nous conduiraient à envisager le chemin de fer de Mandchourie dans son action sur le

russes, dans le Tché-ly, la Mandchourie et la région de l'Amour (15 nov. 1900).

I. — Dans la province chinoise de Tsi-tsi-kar :

12 bataillons, 24 escadrons et 22 canons.

En réserve, derrière ces troupes :

8 bataillons du 3e corps sibérien, nouvellement formé.

II. — Dans la province chinoise de Girin :

26 bataillons, 29 escadrons, 102 canons.

A Vladivostock, comme soutien éventuel de ces troupes :

5e brigade de tirailleurs, qui est sur le point de rentrer en Europe.

6e brigade de tirailleurs de l'Asie centrale, qui vient d'arriver, soit : 13 bataillons et 24 canons.

III. — Dans la Mandchourie méridionale, et la presqu'île du Leao-toung :

21 bataillons, 9 escadrons, 84 canons et 2 bataillons d'artillerie de forteresse.

IV. — Dans le Tché-ly :

12 bataillons, 5 escadrons, 44 canons et 8 mitrailleuses.

V. — Pour la protection de la frontière le long de l'Amour et en Sibérie :

26 bataillons, 25 escadrons, 28 canons, et 2 bataillons d'artillerie de forteresse.

VI. — Un détachement dans le cercle de Sémiretchensk en face de Kouldja : 8 bataillons, 22 escadrons, 28 canons.

VII. — Garde des consulats de Ourga et Kouldja :

4 escadrons et 4 canons.

La Russie a donc encore au total, 126 bataillons, 118 escadrons, 336 canons, 8 mitrailleuses et 4 bataillons d'artillerie de forteresse, dans la Chine du nord, ou sur les frontières en Extrême-Orient, ce qui donne avec les états-majors, le train, les divers services accessoires 3900 officiers et 173 000 hommes.

développement de l'influence russe en Chine, et à établir le résultat du soulèvement chinois, à ce point de vue tout spécial.

C'est là un côté de la question bien plus intéressant encore qu'une étude économique, car il conduit à une foule de données originales, fournissant, en grand nombre, de solides présomptions et presque des certitudes sur l'avenir politique de la Russie et de la Chine.

Mais cela sortirait complètement du cadre de notre travail, et des limites que nous nous sommes imposées pour la publication.

Contentons-nous donc, en terminant, d'admirer encore la direction magistrale, qui a présidé aux travaux des Russes en Mandchourie. Une œuvre aussi colossale marque un pas important dans l'histoire de la civilisation, et elle est un titre de gloire des plus brillants pour la nation qui a eu l'audace de l'entreprendre et le génie de la mener à bien. Cette gloire nationale retombe d'ailleurs, à juste titre, sur les individualités, de tout rang et de toute situation, ayant concouru soit à l'organisation, soit à l'exécution de ces gigantesques travaux.

(Août 1901).

TABLE DES MATIÈRES

I. — **Mouvement européen en Chine à la fin du XIXe siècle.** — Raisons économiques ayant conduit au passage du chemin de fer transsibérien à travers la Mandchourie. — Richesses de la province, voies commerciales. — Historique des études et des premiers travaux. — Vue d'ensemble sur le tracé. — Intérêt de ces questions pour la France.... 1

II. — Départ de Tien-tsin. — Premières agitations des boxers dans cette ville. — Notre interprète. — Chan-haï-kouan. — La Grande Muraille. — Kin-tchéou. — Nioutchouang. — La ligne de Sin-min-toun. — Lutte entre les Anglais et les Russes à propos des chemins de fer de Nioutchouang et de Sin-min-toun.. 13

III. — Nioutchouang : la ville, son commerce. — La gare russe. — Mesures sanitaires contre la peste. — Départ pour Port-Arthur. — Ta-che-tsiao. — Oua-fang-tien. — Les stations russes. — Le drapeau de l'Est Chinois.................. 24

IV. — Arrivée à Port-Arthur. — Réceptions. — Le territoire de Quang-toung. — Commandement et administration. — Forces militaires. — Les fortifications. — Le port. — Création de la ville et du port de Dalgny. — Émigration des Chinois, à la suite de l'occupation russe.............................. 38

V. — Départ de Port-Arthur. — Disparition de notre interprète. — De Port-Arthur à Oua-fang-tien. — Transport des Chinois en chemins de fer. — De Ta-che-tsiao à Leao-yang. — Kou-che-kia-tze. — Le crochet de la voie autour de Moukden. — En route pour Moukden en charrette. — La ville. — Les tombeaux impériaux. — La mission. — Les massacres.. 54

VI. — **De Moukden à Thie-ling. — La vie en wagon. — Arrivée à Thie-ling. — La voie provisoire. — La mission. — La colo-**

nie russe. — Voyage à Kao-chan-toun. — Une mine d'or. — Mœurs de paysans mandchoux. — Les bacs sur les rivières. — Recherche et location de charrettes. — Un nouveau domestique chinois.. 74

VII. — Marche pénible de Thie-ling à Kaï-yuen. — Les coolies du chemin de fer. — Organisation du personnel de la voie. — Bataille entre cosaques et Chinois. — De Kaï-yuen a Kouan-tcheng-tse. — Le voyage sur les routes et la vie dans les auberges chinoises. — Séjour à Kouan-tcheng-tse. — De Kouan-tcheng-tse à la Soungari en tarentass. — De la Soungari à Harbine en drézine et en chemin de fer : le pont du La-ling-ho.. 97

VIII. — Arrivée et installation à Harbine. — Le haut personnel du chemin de fer. — La ville de Harbine. — Soungari : les chantiers, la ville future. — Le conseil des affaires extérieures. — La garde de la voie ferrée. — La navigation de la Soungari. — La ligne de Harbine vers Tsi-tsi-kar...... 124

IX. — De Harbine à Lao-lin en chemin de fer. — De Lao-lin à Moureigne à cheval et en voiture. — Inondations, incidents de route. — De Moureigne à Sélen-hé en drézine. — Réceptions et divertissements chez les cosaques. — De Sélen-hé à la frontière : Po-Granitchna........................... 145

X. — En territoire russe. — Grodekovo. — Les troupes de chemin de fer. — Nikolsk. — Vladivostock. — La navigation et le port de l'Est Chinois. — Chantiers de montage. — Les locomotives. — La banque russo-chinoise................ 171

XI. — Conclusions. — Le mouvement économique produit par le chemin de fer de l'Est Chinois. — Résultats des derniers évènements de Chine............................... 182

7142-03. — Corbeil. Imprimerie Éd. Crété.

www.ingramcontent.com/pod-product-compliance
Ingram Content Group UK Ltd.
Pitfield, Milton Keynes, MK11 3LW, UK
UKHW012213240726
13966UKWH00002B/737